贵州省出版发展专项资金资助

黔山巴虎

QIANSHAN BAHU

田永红　著

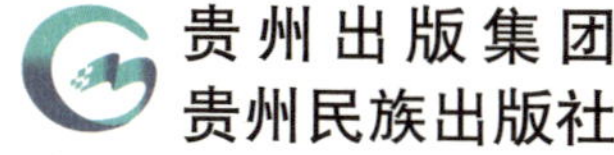

贵州出版集团
贵州民族出版社

图书在版编目（CIP）数据

黔山巴虎：土家族 / 田永红著. -- 贵阳 : 贵州民族出版社, 2014.6（2020.7 重印）
（贵州世居民族文化书系 / 宋健主编）
ISBN 978-7-5412-2113-2

Ⅰ. ①黔… Ⅱ. ①田… Ⅲ. ①土家族—民族文化—贵州省 Ⅳ. ①K287.3

中国版本图书馆 CIP 数据核字（2014）第 066230 号

贵州世居民族文化书系
黔山巴虎·土家族
宋　健　主编　田永红　著

出版发行　贵州民族出版社
社址邮编　贵阳市观山湖区会展东路贵州出版集团大楼　550081
印　　刷　山东龙岳文化传媒有限公司
开　　本　787mm×1092mm　1/16
字　　数　210 千字
印　　张　13
版　　次　2014 年 6 月第 1 版
印　　次　2020 年 7 月第 2 次
书　　号　ISBN 978-7-5412-2113-2
定　　价　41.00 元

贵州世居民族文化书系

编委会

贵州土家族分布示意图

聚居
散居
遵义市
毕节市
贵阳市
六盘水市
安顺市
铜仁市
黔东南苗族侗族自治州
黔南布依族苗族自治州
黔西南布依族苗族自治州
赤水市
习水
桐梓
仁怀市
绥阳
正安
道真
务川
沿河
松桃
凤冈
湄潭
遵义市
汇川
红花岗
遵义
金沙
江口
铜仁市
玉屏
万山
石阡
余庆
毕节市
七星关
赫章
大方
黔西
威宁
纳雍
织金
息烽
开阳
修文
瓮安
六盘水市
钟山
水城
清镇市
白云
乌当
贵阳市
观山湖
花溪
龙里
贵定
福泉
黄平
施秉
镇远
岑巩
三穗
天柱
凯里市
台江
剑河
锦屏
麻江
雷山
丹寨
都匀市
黎平
六枝
普定
平坝
安顺市
西秀
镇宁
关岭
长顺
惠水
三都
榕江
从江
平塘
独山
紫云
罗甸
荔波
普安
晴隆
盘县
兴仁
贞丰
望谟
兴义市
安龙
册亨

多彩高原的民族共存

——《贵州世居民族文化书系》总序

多彩的贵州，神奇的高原。对于初次来到祖国大西南贵州省的人来说，触动心灵的不仅是苍山如海、溪河清澈、森林碧绿、峡谷幽深，更有那不同民族同胞悠扬的山歌和异彩的服饰。在这个有17.6万平方公里面积和600年建省历史的省份，数不尽的青山翠谷中生活着18个世居民族，他们从哪里来？世世代代如何与周围环境共处？以怎样的生活方式和民族风情为世界增光添彩？让读者朋友在轻松的阅读中了解这一切，就是我们出版这套《贵州世居民族文化书系》的目的。

贵州是一个多民族的省份，少数民族人口约占全省总人口的38%，全国56个民族成分贵州都有分布，而称得上“世居民族”的则有汉族、苗族、布依族、侗族、土家族、彝族、仡佬族、水族、回族、白族、瑶族、壮族、畲族、毛南族、仫佬族、满族、蒙古族、羌族等18个兄弟民族。从历史和民族源流看，除来自北方的回族、蒙古族、满族外，汉族属古代的华夏族系，其他各族分属古代的氐羌、苗瑶、百越、百濮四大族系。从地理位置看，贵州位于云贵高原东部，处于四川盆地和广西、湖南丘陵之间，是由高原向平原和丘陵过渡的地带。这种特殊的地理位置，使贵州历史上成为南方四大族系的交汇之地，成为民族迁徙的大走廊。在漫长的历史长河中，不同民族的融合，不同文化的相互影响，以及战争带来的多次大规模移民的进入，形成今天贵州多民族共存共荣的社会。

民族文化，指各民族在历史发展中创造的带有民族特点的文化，包含物质和精神两个方面。存在决定意识，由于贵州地处生态环境较为脆弱的喀斯特地貌带，各族群众敬畏自然，珍惜上天赋予的生活资源，注重生产方式与自然生态的和谐平衡，有着享誉世界的农业文化遗产“稻鱼鸭系统”，与草木“认干亲”的林业等生产方式和生活形态，无不彰显人与自然的和谐共处。

贵州历史上“连峰际天兮飞鸟不通”（王阳明《瘗旅文》）的交通困局，形成了十里不同风，百里不同俗的“文化千岛”，民族风情古朴浓郁，多姿多彩，如苗族的姊妹节、芦笙舞，布依族的八音坐唱，侗族的行歌坐月、侗族大歌，彝族的火把节，土家族的摆手舞等。而600多年前明王朝对贵州的大规模开发，江南的百万汉族移民以屯军、屯民的方式来到贵州，形成数百年的屯堡文化，至今成为明代文化遗存的奇迹。可以说，正是青山绿水与多民族的和谐共存构成了今天多彩的贵州。

我们这套书以大专家写小丛书为特点，以轻松阅读获取知识为目标，以直观图像结合想象力发挥为手段，采取宏观叙述与田野案例穿插叙事的方法，力图写成民族历史文化的故事书，内容虽然通俗易懂，生动有趣，但都是以坚实的学术研究为基础的，能够让读者在愉快的阅读和浏览中获取正确的知识。

“黔山秀水，神秘夜郎；多彩民族，千岛文化。”这是书系力图展示的贵州形象。愿书系成为我们大家了解贵州、欣赏贵州、热爱贵州的一个窗口。

《贵州世居民族文化书系》编委会

目 录

Contents

1 / 引 言

3 / 白虎巴人

3/ 神奇的白虎崇拜

11/ 巴盐是巴人幻境中的白虎

16/ 从“巴人”到“土家族”

22/ 白虎走在悠长的盐油古道上

26/ 古纤道托起巴人的梦

30/ 巴盐烙下的印记

35/ 输运巴盐的“歪屁股船”

40 / 虎啸武陵

40/ 贵州土家族田氏大土司

47/ 为贵州开科增额的土家人

50/ 为孙中山出谋划策的黔军总司令

53/ 题写“颐和园”的大书法家

55 / 桃源虎踞

55/ 魂牵梦绕的乌江画廊
61/ 石林神韵
64/ 武陵极顶梵净山
70/ 流动的蓝色浪漫曲
75/ 撑起大山的吊脚楼
79/ 韵味浓郁的江城民居
85/ 阴阳贡品团龙茶
88/ 神仙居住的地方

91 / 白虎印记

91/ 历史文化的投影
95/ 把文化穿在身上
98/ 把信仰戴在头上
100/ 把祝福系在脖子上
102/ 把智慧围在腰间
104/ 把爱情信物穿在脚上
105/ 艳丽多彩的西兰卡普

107/ 金针银线绣得山花怒放
108/ 素净典雅的土家族印染
110/ 圆梦的土家族手艺
113/ 土家美食远飘香

117 / 虎魂盛典

117/ 披蓑举刀过赶年
132/ 龙舟竞渡五月天
135/ 竖旗宰牛祭风神
137/ 稻谷初黄去吃新
138/ 八月中秋偷瓜节
140/ 甩神狂欢庆年节

142 / 风情虎俗

142/ 满怀激情迎新生
144/ 异彩纷呈办婚事
149/ 少女心底深处的倾诉
153/ 生命从刀梯上走过
156/ 狂歌劲舞送亡灵
163/ 别具一格的红棺葬

165 / 白虎艺韵

165/ 戴着面具跳傩戏

173/ 乌江号子划长空

176/ 欢乐的土家族打击乐

177/ 打锣敲鼓薅草忙

180/ 舞蹈活化石毛古斯

182/ 一片缠绵摆手舞

188/ 南庄莲花十八响

190/ 走上高台唱花灯

194 / 参考书目

195 / 后记

引言

悠悠乌江，巍巍梵净，水通巴渝，山冠武陵。莽莽山水之间这片神奇的土地上，生息繁衍着一支历史悠久、文化发达的少数民族，那就是湘、鄂、渝、黔土家族的重要组成部分——贵州土家族，贵州世居民族大家庭中的一员，主要分布在铜仁市的沿河、印江、思南、德江、江口、碧江、松桃、石阡等县（自治县、区）；遵义市的务川、道真、正安、凤冈、湄潭、余庆等县（自治县）；黔东南苗族侗族自治州的镇远、岑巩、三穗等县和贵阳市。

人文学者早已发现：在地球的北纬 30° 一线，在东方，在中国，由秦岭经大巴山到南岭，存在着一个华夏古文明的沉积带。这个沉积带正好处在东西南北风云激荡的交汇点上，这个交汇点叫武陵山区。这里重山逶迤，苍莽如画。千峰跌宕，幽壑流清。葱茏的原野里，蒸腾的白云下，凶猛而充满传奇色彩的白虎，发出低沉的吼叫，散发着不世的威严，穿过漫漫的历史长空，奔跑、活跃在茫茫的群山之间……它的形象，它的灵魂，永远存在于一个与云蒸雾腾的山水为伴的骁勇尚武民族的漫长、宏阔的史诗中。

这个民族就是土家族，一个信仰白虎的民族，一个自称是白虎后裔的民族，一个能征善战、聪慧勤劳的民族。信仰是一个历史不断复制、不断叠加在人们头脑中的过程，信仰也是一片指引人们通向未来、驶达彼岸的强劲风帆。寻根过去，值得骄傲的是，由白虎巴人到白虎土家人，延续数千年的民族文化，虽岁远年湮，满布风尘，历尽艰辛，而内中所蕴藏的种种活力依然闪烁着璞玉浑金的宝光。其间，流传至今的神话传说、宗教信仰、山歌舞蹈、风俗习尚、衣食住行、四时节令、乡俗俚语等，无不“统之有宗，会中有元”，无不与大象无形的神工鬼斧雕琢出如梦如幻的奇山秀水有关，无不与大自然之子白虎的虎性和灵气有关。土家族民族文化的存在，既是白虎巴人开拓进取奋斗不息的明证，也是白虎后裔土家族得以自立于中华民族之林的根基；蕴含着历史的厚重和文化的生命活力，令人更体味到“艰难困苦，玉汝于成”的意义；那份历经千百年淘漉磨洗而留下来的迷离和绮丽，总给人以种种美的震撼，洗练人的心胸，生发出无限的梦想。

土家族民族文化是一份文明瑰宝，我们有理由相信，它不仅是传统的、民族的、自己的，同时也是现代的、开放的和世界的。正因为有了这份瑰宝，才使我们在面对世界、解读世界、改造世界时，多了一份从容，多了一份自豪，多了一份激情。

白虎巴人

BAIHU BAREN

神奇的白虎崇拜

白虎，在如今长江三峡、武陵山脉的茫茫丛林中，已再难寻到它的踪迹，只有在三峡和武陵山区的民间文学中，或大量以白虎命名的地名中，还能找到它的影子，诸如《巴盐》《白鹿》《虎儿娃》《虎报恩》等传说或白虎塘、白虎岩、白虎山等地名。在中国古代的星象学中，西方七宿的白虎星直接主宰着人间的兵戈与战事，是充满杀伐之气的战神。

这个已经与我们的生活没有多大关系的物种，它的形象、它的灵魂，曾被一个骁勇尚武的民族带进他们漫长的历史。

1972 年秋，涪陵白涛镇陈家嘴小田溪，当地村民在取土制砖时，偶然发现铜剑、编钟等物，随后四川省博物馆在当地组织考古，发掘清理了 3 座墓葬。1984 年，村民

余九挖粪池，又发现了铜壶等物，涪陵区文化局于是又组织了发掘清理。1993年至2002年，考古专家对这里进行了5次发掘，发掘墓葬共22座，出土各类珍贵文物680件以上，包括了有关巴文化的虎钮錞于、镂空双虎纹铜镜、巴式镀铬虎纹柳叶剑以及一批精美玉器。这些东西一是显现了巴文化的丰富精美，二是说明3000年前巴人就已经进入了广袤的乌江流域。

土家族概况

土家族是湘、鄂、渝、黔、川毗连地带的一个历史悠久的少数民族，主要分布在湘、鄂、渝、黔四省市接壤的武陵山脉高山地带。根据2010年第六次全国人口普查统计，土家族人口为835.3912万人，占全国少数民族人口的7.34%，仅次于壮、回、满、维吾尔、苗、彝族，在全国少数民族中人口排第七位，其中贵州143.7万人。

贵州土家族主要居住在沿河土家族自治县、印江土家族苗族自治县，杂居区有德江、思南、江口、石阡等县与碧江、万山区及松桃苗族自治县。

虎在中国传统文化中有着十分重要的地位，而巴人对虎的迷恋和膜拜却有着更深的意义。在巴人居住地的考古发现证实了这一切。在所有出土的古代巴人器物中，虎的形象、虎的符号无所不在，它们像灵咒一般，吸附在这些穿越了漫长时空的物体上。早期巴人所信奉的神灵充满繁复色彩，这个居于高山丛林，江河湖泊的部族，崇拜过太阳、山峰、巨蛇……但白虎却最终成为他们的终极信仰。

这种选择与死亡和再生有着千丝万缕的联系。

虎钮錞于

《后汉书·南蛮西南夷列传》记载了有关巴人图腾、起源及巴人第一个国王廪君的内容。书中记载:"巴郡南郡蛮，本有五姓:巴氏、樊氏、瞫氏、相氏、郑氏。皆出于武落钟离山。其山有赤黑二穴，巴氏之子生于赤穴，四姓之子皆生黑穴。未有君长，俱事鬼神。乃共掷剑于石穴，约能中者，奉以为君。巴氏子务相乃独中之，众皆叹。又令各乘土船，约能浮者，当以为君。余姓悉沉，唯务相独浮。因共立之，是为廪君。乃乘土船，从夷水至盐阳。盐水有神女，谓廪君曰：‘此地广大，鱼盐所出，愿留共居。’廪君不许，盐神暮辄来取宿，旦即化为虫，与诸虫群飞，掩蔽日光，天地晦冥。积十余日，廪君伺其便，因射杀之，天乃开明。廪君于是君乎夷城，四姓皆臣之，廪君死，魂魄世为白虎。巴氏以虎饮人血，遂以人祠焉。”

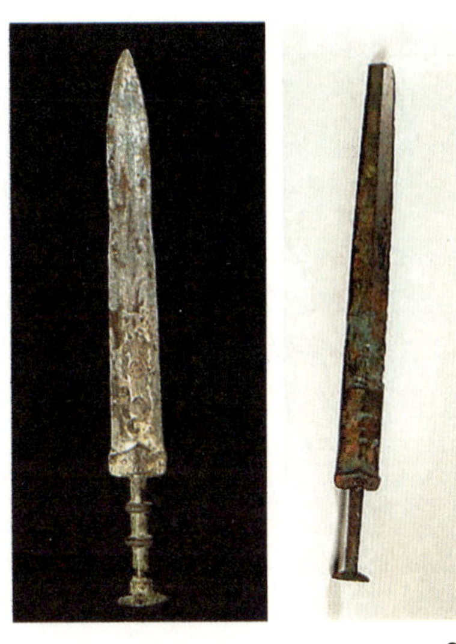

涪陵小田溪出土的虎纹铜剑

这段文字，是巴人信仰白虎的最早记载，实际上它是早已流传在湘鄂川黔边的一个神话故事。《后汉书》的记载，虽然经过文人加工，但情节大致与此相似，神话中塑造了一位英明的民族首领廪君的形象。人们在这位亦人亦神的君长身上赋予了巨大的勇气和智慧，开篇就显示了他非凡的本领。他凭着非凡的魄力，领导了一次开疆立业，寻找幸福的艰巨迁徙，而且以坚毅的精神，战胜了迁徙中的各种困难，他不受神女的诱惑，不畏盐神的暴戾。他的形象只有白虎能比拟，于是有了“廪君死，魂魄世为白虎”之说。

《后汉书》

在巴文化史研究中，《后汉书》上述的这段文字引证最多、最常见，它之所以如此受人青睐，原因恐怕就在于它出自著名的历史学家范晔之手，是继《史记》《汉书》之后又一部鸿篇巨制，素与《史记》《汉书》《三国志》一起，并称为“前四史”，具有权威性。这段话所含的信息量很大。正如潘光旦先生在《湘西北的“土家”与古代的巴人》中所说：“从廪君与盐神的这一段交道里我们也可以看出好几层意义来。

一是廪君与其族人披荆斩棘、开疆拓土的一番巨大的努力。二是到廪君的时代，他所代表的一族人，事实上已开始从母系转入父系，廪君拒绝盐神的要求而把她射死，正表示着新发展的父权对母系社会的反抗。第三层意义尤为重要：‘鱼盐所出’，说明了这一地带的物质环境是适宜于经济生活发展的。”

书中的“廪君死，魂魄世为白虎，巴氏以虎饮人血，遂以人祠焉”虽含有很浓的神话成分，却仍被诸多史学家当作破解巴人之谜的重要依据，当作开启巴人白虎信仰密码的钥匙。

近年来，在土家族聚居地区的考古活动中，一系列有关巴人线索的发现正在使这段记载呈现出前所未有的史料价值。1997 年，考古学家又在重庆云阳的巴人墓葬群中发现了大量奇特的墓坑，这些再次见到阳光的真实图景令人惊奇。在这些巴式墓中，墓主的遗骸旁，骇然放着成堆的散碎人骨，而且这些人骨就与随葬品放在一起，这一切引起了人们无限的猜疑——“人祭”习俗是否也在巴人中存在？有文献和考古资料表明，早在商代晚期，中原地区就已盛行“人祭”的习俗，在河南殷墟出土的商代甲骨文上，对这种情况作了十分形象的记录。据统计，当中记有人殉资料的甲骨多达 1000 片，记录了人殉的具体方式。《尚书·甘誓》中有这样的记载：“用命赏于祖，弗用命戳于社。”这说明杀人祭祀在当时较为普遍，而且也表明了“人祭”活动与祭神灵有关。

这也许是历史上最为真实的巴国君主，巴王，作为一个民族英雄，被巴人及其后裔土家族尊为永远的神祇。在土家族看来，廪君就是白虎，而白虎就是神灵。“虎饮人血，遂以人祠焉。”而“人祭”的习俗在巴人生活过的地方或巴人后裔中存在、流行，也就不足为怪了。直到清代，湖北的咸丰县活龙坪土家人还有“还人头愿”的习俗。还愿时买一人，杀头以祭其祖。关于“还人头愿”还有这样一个故事：传说咸丰县活龙坪一个姓田的土司，买来一个 12 岁的小乞丐用来杀头祭祖，为其洗浴更衣后，让他和自己年龄相仿的独生儿子睡在一起。小乞丐刚上床就与土司的儿子调换了位置。次日天刚麻麻亮，土司就按昨晚小乞丐睡的那头，抓取小乞丐直扑祭堂，杀头祭祖。待天大亮时，土司才发现误杀了儿子，伤心至极。从这之后，土司规定祭祖改为杀牛。但牛是农民的命根子，农业生产离不开它，于是后来又改为杀鸡。

传说和猜想中的巴人的发源地——湖北省长阳土家族自治县的清江右岸，有一座武落钟离山，在一片霞光水影的照映中，此山格外夺目，格外神奇，其山脚下的清江水域，波光粼粼，流水汤汤，像一张大网。传说当年廪君（本地土家族人称之为向王天子）就是在这武落钟离山上比武当上巴王的，这样，古代巴国正是在此奠基并走向强盛，最终融入了泱泱华夏。

清江是长江三峡的一条重要支流，发源于湖北省利川市，全长400多公里，它的上游与众多著名河流相交，流经湖北恩施土家族苗族自治州的建始、巴东、宣恩、鹤峰等县和宜昌市长阳土家族自治县。其间峡谷纵横，神秘莫测，它所流经的地域都是历史上的巴文化区。今天，这里仍是巴人后裔土家族的聚居地。清江环绕着武落钟离山，在它的山脚画了一个大大的“S”形，劲流奔腾，日夜不息。江左岸是伟岸的龙角山，更将这片古土映衬得格外雄健。就在武落钟离山的山根处，高低错落地分布着一摞摞的大小石头以及石涵和岩洞，大者可容纳数十人上百人不等，那便是当年武落钟离山崩落时留下的痕迹。

时空转换，而今，这里已一开新颜。然而，它依然山长岭峻，依然绿水壮阔，特别是在武落钟离山极顶，向王庙前袅袅香烟，依然笼罩在一片祥和的气氛里，寒来暑往，向纷至沓来的游人不懈地讲述着那个流传千古的传奇故事：巴蛮五姓、赤穴黑穴、掷剑浮舟、廪君盐神等。

如今，居住在武落钟离山周围的巴人后裔土家族，仍会跳一种被

清江

巴山舞

称为“跳丧”的舞蹈，即“巴山舞”。这种歌舞用于祭祀死者，每逢土家丧礼，成群的祭礼者便会和着鼓点歌舞。他们的歌声高亢尖锐，舞姿狂放不羁，跳跃、穿行、翻滚，都充满力量和野性。而在歌词中，死者被尊为白虎家神，舞者对老虎动作的模仿十分生动。

在今天黔东北土家族傩坛祭祀中，还有与清江流域巴人一脉相承的“开红山”仪式，祭祀者还会杀鸡取血，或从自己额头上刀刺取血，这一切似乎都与廪君化白虎和巴人血祭白虎的传统有关。

划龙舟是今天仍流行于长江三峡、清江、酉水、乌江、锦江流域的古俗。在竞技中，人们仿佛获得了来自于远古的力量。当年，廪君就是凭着激流划舟和投掷飞剑的出众本领成为武落钟离山上多姓族落

思南白虎岩

《蛮书》

的首领的。

一首这样的民谣，印证了一个民族千百年来传承积淀的心路历程："向王天子吹牛角，吹出一条清江河。"

如此道来，很久以前，有一种凶猛而神秘的异兽——白虎，它们与同样神秘的巴人共同生息繁衍在长江三峡及茫茫武陵山区的莽莽丛林中。

土家族的先人——巴人，历史上称为"白虎之后""白虎夷"。如唐人樊绰《蛮书》卷十云："巴氏祭其祖，击鼓而歌，白虎之后也。"这种伴以击鼓和歌舞祭祖的习俗也一直在土家族地区流传。

土家族地区还流传着许多关于白虎的神话传说。如流传在贵州江口县的神话《虎图腾》：

很早以前，天马山上有一对老夫妻，直到老婆婆55岁时，才有了一个儿子。可那个儿子生下来不到三天，就不见了。几年以后，老汉拄着拐杖上山收荞麦，突然发现一只老虎驮着一个小孩在山上走。那小孩浑身黄毛，脑门上的朱砂印记清晰可见。老汉十分欢喜，因为那

乌江

朱砂印记就是自己儿子的胎记呀！老汉赶忙走过去，跟老虎讲述了自己的不幸，请求老虎让自己将小孩领回去。老虎点点头同意了。老汉将小孩领回了家。老婆婆生怕儿子饿着，赶忙用荞麦面做饼喂他。可娃儿不吃。老汉想了想，突然明白了：儿子跟老虎长大，也许养成了虎吃肉食的习性。老汉便用野兔肉喂儿子，儿子一见，抓过兔肉，连吞带嚼地生吃了。儿子长大后，力大无穷，能举鼎拔树。他每次上山打猎，都满载而归。除留点自家食用，他把大量的猎物都送给了乡亲们，乡亲们亲热地称他“山王”。

有一年，后山千年老狐作怪，方圆数百里的人四处逃难。山王决心除掉老狐。他把五爪钩磨得亮亮的，找到了老狐住的山洞。他和老狐搏斗了三天三夜，终于抓破了狐妖的头颅，狐妖脑浆迸裂而死。山王自己身上也被狐妖抓了一道道的伤痕。现在老虎身上白一道黄一道的颜色，就是当年被狐妖抓伤的印记。山王死了以后，人们给他修了一座庙，取名“白虎庙”，也叫“山王庙”。过年过节，人们用生肉祭祀，把虎作为图腾来加以崇拜。

贵州沿河、德江的土家族人，把白虎分成天门白虎和五方白虎两种。五方白虎即东、西、南、北、中五方，每方各有一虎，东方为“青帝白虎”，南方为“赤帝白虎”，西方为“白帝白虎”，北方为“黑帝白虎”，中央为“黄帝白虎”。因为五方白虎奔跑于茫茫的森林里，所以祭祀它们时必须在山间举行。祭祀时先用糯米粑捏五只卧虎，用六尺六寸长的青色或白色布平铺在地，将做好的五虎分别放在四方及中央。每只虎前摆一坨泥巴，便于插树枝，以表示森林。用五块刀头肉、十杯酒供上，同时还叫五个人坐旁边，代替五只虎说话。五个人必须为十二岁以上不同姓的男子。当土老司问到愿不愿保时，代表者要马上回答“愿保”。祭祀完毕，五只虎粑就归五个人所有。在印江土家族苗族自治县木黄乌溪还建有白虎庙，当地土家族人每年正月去祭祀。

在思南也有关于白虎的传说：距思南城数公里的乌江西岸有一块石壁，颜色鲜红，虽久经风雨，其色如故，明代嘉靖年间思南知府宛嘉祥还在石壁上镌刻了“赤壁”两字，每字各约2米见方，为乌江著名的石刻之一。传说赤壁的红色，是古代巴人杀人祭白虎的鲜血染红的。因为古代巴人以白虎为图腾，在巴人聚居地区，每年都要在这里杀人祭白虎，被杀的人多了，血流满山，久而久之将岩壁都染红了，从此有了“赤壁”。而就在思南境内的杨家坳乡有一石崖，名叫“白虎嘴”，清代有一诗人曾在上面题了一首七律诗，其中有两句为：“莫谈白虎当年事，怎怪红苗旧日鲜。”这里的“白虎”“红苗”，很明显是指的两个民族。

关于巴人英雄的神话传说成了巴文化和远古巴人民族精神的主要内容。在巴楚文化、土家、汉文化的交融中，巴文化的粗犷雄奇刚劲豪迈之气一直显示出独特魅力，因而也一直是华夏民族文化中具有鲜活生命力的一个支脉。

时至今日，白虎的传说依然存在，白虎的灵魂附着于来自远古的青铜器上，融入远古巴人的血液之中，也带入了今天土家族人的生活中，铸就了土家族人骁勇尚武的性格。直至今日，白虎与他们的春播秋收、祭祖和婚丧嫁娶仍有着千丝万缕的联系……

巴盐是巴人幻境中的白虎

沿河土家族自治县的每一个土家山寨的农户家里都有一个火铺，火铺中央深深的火塘里那终年不息的柴火边，有一团碗口大的雪白物体，石头般坚硬。笔者小时候就生活在这样的土家山寨里，问祖母：“那是什么？”

祖母笑着回答说：“傻儿，那是你天天都要吃的盐巴。现在几分钱一斤，可十几年前，一斗米才能换一斤。”

“在以前，盐巴金贵得很。”说着祖母就给我讲了一个故事。她说，很早以前，我们土家山寨的人，没有盐巴吃，颈子上都长着一个大包包。一天，老祖宗在山上薅苞谷，看见一只白虎从森林里叼着白兔走来，老祖宗拿起锄头就去追，白虎放下白兔就跑。等老祖宗走上前一看，原来那白兔是一坨雪白的盐巴。老祖宗说，这是老老祖宗给我们送来大礼物。

从此，过年过节，老祖宗就要烧香烧纸祭祀老老祖宗——白虎。只不过，祭祀白虎要在山寨上的土地庙里去，烧的纸也是剪成虎的形状，还要摆上猪头、盐巴。这个祭祀老老祖宗的习俗一直延续至今。

盐，在乌江流域称之为巴盐，或盐巴。它怎么与“巴”扯上关系了呢？

认真研究起来，里面的道理很有意思。

巴人也许是中国历史上最为古老的“行盐民族”，在有关巴人起源的文献中，如《山海经·海内经》就有这样的记载：“西南有巴国，太皋生咸鸟，咸鸟生乘厘，乘厘生后照。”咸即盐，咸鸟即盐鸟。乘厘，乘是乘载的乘；厘为治理，即治理乘载之事，可以理解为治理盐运之人。后照的“后”即为首领，“照”或许是“灶”的通假字，即煮制食盐之人。直到20世纪初，乌江流域的炼盐者仍被称为“灶丁”。所以巴人又被称为“咸鸟”和“后照”。“咸鸟”和“后照”或许十分完整地表达了早期巴人在不同历史阶段的盐业生活。最初，巴人只是靠着熟练的水上生存能力和舟楫之利，为三峡地区的土著运送交易食粮。畅通的水网河流，让他们将食盐运送到许多地方，换取其他货物。他们一度成为峡江流域最为古老的水上商人。

背盐进山

由“咸鸟”到“后照”，表明“巴”不再是一个无名小部落了，而是既能制盐，又能运盐的大部族了。巴人已经因盐而兴。

从江汉平原沿长江干流西至今天的重庆，这条巨大的通道曾是巴人的生命血脉。他们在这里采集、炼卤、制盐、贩运，继而成为盐源的拥有者和保护者。这些人因为盐源之争而变得勇猛，食盐使他们成为真正的职业军人。

今天，在乌江的干流和无数支流中，诸如

乌江下游郁山镇，仍保留着丰富的盐源和为数不少的盐业生产基地，生产者运用现代技术开发着这些古老的资源。

彭水的郁山，自古以产盐著称。猎人追逐白鹿发现盐井的传说，几乎家喻户晓，甚至被有的家谱记载。传说很久以前，汪二、汪三兄弟俩背着弓箭，带着猎狗在郁山打猎时，发现一只白鹿在前面跑，兄弟俩喜爱之极，不忍搭箭射杀，只是带着猎狗紧追不舍。白鹿身形矫健，两腿弹跳有力，在河边岩石间跑动起来仿佛在跳优美的舞蹈，兄弟俩边追边看，不禁心花怒放。来到山洞前，只见白鹿银光一闪，很快便消失不见了。兄弟俩走近山洞，只见雪白的泉水涌出，不见白鹿的踪影，心里怅然不已。两人方觉口渴，遂用手捧起泉水喝，泉水味咸微苦，便知是盐泉，兄弟俩高兴得手舞足蹈。这便是郁山第一口盐井，名叫“捣鹿井”，后来改名为“老郁井”。

巴人就这样便捷地获得了他们的盐泉，这些令他们世代崇敬的神秘之物，通常流淌在山泉与河水中，他们认为这是白虎祖先和巴人神灵的恩赐。在乌江流域，现存的古盐源仍与神秘的白色动物和民间神话传说连在一起，如白虎、白鹿、白兔、白羊、白鸡等。而且，这些

巴盐老汉

今日彭水

动物必须与井联系在一起，如《鸡鸣井》《金钗井》《捣鹿井》等传说。《鸡鸣井》讲了这样一个故事：很久很久以前，郁山到处是茂密的森林。一天，李二打鱼来到这里，看到一只白雄鸡站在巨石上，发出“喔喔喔”的叫声，一声比一声大，李二觉得奇怪，回家给父亲说了。父亲是个精细的人，觉得巨石下面有文章，便叫了几十个渔民来撬巨石。他们撬了七七四十九天，终于将巨石撬开来。撬开的一瞬间，巨石下面呼地喷出一股白色的水来。渔民们一尝，那水有咸味。他们将水用锅一煮就出现了白色的盐粒。从此，渔民们都不打鱼了，靠煮盐就过上了好日子。

从巫山境内长江与大宁河交汇处出发，沿大宁河而上，一些更为古老的答案就在河的上游，传说中的“巫咸国”就在那里。那里如今叫“宁厂”，一个寂静的古镇。2009 年，笔者考察大宁河文化，就与三峡大学几个教授沿河而上，亲眼看到那些石壁上的方形的洞孔，沿峭壁延绵不绝，据说它们与古代运盐的巴人有关，他们曾在绝壁上修建栈道。

在盐泉被巴人发现后的几千年里，盐业一直是郁山、宁厂这两个地方的支柱产业，小小的古镇，曾承载过繁荣与喧嚣。极盛时，这两个地方有多达数百个盐灶，号称“万灶盐烟”，从事盐业生产和运输的人超过了十余万。

巴人善泅，巧于行水，他们发现了潜在的盐泉，发明了用木桶隔开淡水的方法，汲以煮盐，使盐的产量大增。巴人世专其利，巴国也因此发展成为统一川东南各民族的大国。这种河底盐泉，当时巴国境内有七处。川东、黔东北、鄂西、陕南皆依赖于巴盐。巴盐通过乌江、大宁河进入长江，被运达更远的地方。

古法制盐

巴地的盐，楚地的米，加上音乐和房子，这就是远古巴人的理想世界，或者是他们执着追求的天堂。

《山海经》这样描写“巫咸国”中的人们：他们无须耕种，无须纺织，却有着丰富的食物和华美的衣裙，女人们的生活内容就是歌唱和舞蹈，孩子们在河中嬉戏，看来来去去的船只，这里有纵横的河谷，连天的森林、草场。也许他们本身就无地可耕，无衣可织，但他们却拥有永远也流淌不尽的盐泉。这些不事农耕的男人，却有着精湛的煮盐技艺，他们整日守候着不知传了多少代的技艺，终其一生。

这时的巴人不仅拥有了“盐水女神”的盐水，而且拥有了大宁河的宝山盐源和乌江的郁山盐泉。巴国成为三峡一带的盐霸，以盐业作为经济支柱，通过与邻近部落以盐易物的交换，巴国的经济力量和军事力量已十分强大。同时，巴国顺着运盐路线，对外进行扩张，很快发展成为一个奴隶制大国。其国土东至今奉节，西至今宜宾，北接汉中，南及今渝东南、黔东北，其疆域之辽阔在当时可谓大国，在中国上古史上谱写了不可磨灭的辉煌篇章。之后，在以周代商的朝代更迭中，巴国从乌江、彭水一带派兵北上参加了周武王伐纣的牧野之战，巴人以奇特的作战方式与悍勇的战场作风而被载入史册。从此，巴盐成了巴人幻境中的白虎，或者说，白虎是巴人脑海中始终挥之不去的魂灵。

从“巴人”到“土家族”

《华阳国志》

《华阳国志》，又名《华阳国记》，是一部专门记述古代中国西南地区地方历史、地理、人物等的地方志著作，由东晋常璩撰写于晋永和四年至永和十年(348～354)。全书分为巴志，汉中志，蜀志，南中志，公孙述、刘二牧志，刘先主志，刘后主志，大同志，李特、李雄、李期、李寿、李势志，先贤士女总赞，后贤志，序志并士女目录等，共12卷，约11万字。记录了从远古到东晋永和三年的巴蜀史事，记录了这些地方的出产和历史人物。洪亮吉认为，此书与《越绝书》是中国现存最早的地方志。

历史翻到了新的一页，公元前316年，秦遣张仪、司马错率军南下，擒杀蜀王及太子，一举灭掉蜀国，继而挥师东去，一口吞掉了毫无戒备的巴国。结果巴王被俘，部族四散，强盛的巴国一夜之间不复存在。随着岁月的流逝，作为族名的“巴”也日渐被人淡忘，只有巴人熬制的盐——巴盐，像刀刻一样永远铭记于人们心间。

早在巴国强盛的时期，乌江流域就活跃着许多巴人部落。其中一支沿乌江的支流郁江而下抵达郁山（今属重庆市彭水），开发郁山盐泉，占据这一重要资源。之后，他们一直溯乌江、辰水而进入了广袤的武陵山区，其后裔融入当地土著，产生了一个新的民族——土家族。他们在这里开垦荒地，重建家园，仍然保留着巴族部落的传统习俗，以白虎为图腾，崇巫尚武、喜歌舞、好鬼神。然而，广阔的武陵山区和整个贵州以及渝东南是一个不产盐的地域，曾经拥有盐泉并制盐、运盐的民族，却成了无盐者，这生活淡而无味，咋过？于是，他们的目光盯住了千里乌江，盯住了后来叫贵州的这块土地。

《华阳国志》

东晋常璩《华阳国志》记载巴国疆域时指出：“其地东至鱼复，西至僰道，北接汉中，南极黔、涪。”据考证，鱼复即今重庆市奉节，僰道即今四川省宜宾，汉中即今陕西汉中，涪即涪陵水，乌江下游重庆市部分，黔即贵州黔东北部分地区。这里所说的黔、涪就是巴子国被楚国的庄蹻略占以前的“巴黔中”地区，其区域包括今重庆市的酉阳、秀山、

蛮王洞

黔江、彭水、石柱数县和贵州的沿河、德江、务川、印江、思南等地。刘琳在《华阳国志校注》中也指出："'黔'指原属楚国，后属秦国的黔中郡，辖今湖南西北部及湖北、重庆市、贵州的邻近地区。"又曰："南极贵州思南一带。"所谓"思南一带"应包括今思南及邻近的印江、德江、务川、沿河等地在内。

据《汉书·西南夷传》载，楚威王遣其苗裔庄蹻"略巴黔中"，颜师古注称："黔中，即今黔州是其地，本巴人也。"此"巴黔中"，即指黔中。因原属巴国所辖，后被楚所略占，故称"巴黔中"。颜师古为唐人，黔州系唐朝所置，据《元和郡县志》记载，黔州辖有务川、思王、思邛三县，其地域就是今天的黔东北等地。"本巴人也"系指这片地域的居民本为"巴人"。

沿河土家族自治县境内乌江西岸有个蛮王洞，关于它的传说就更逼近历史的真实。与酉阳龚滩隔江相望的蛮王洞，传说很久以前有个巴人首领和他的部下逃亡到此。他们最初居住在洞中，与当地人常发生摩擦，但最终结为友邻，和睦相处。

让我们把目光再次投向那神秘的巴人墓群——重庆市涪陵区白涛

镇小田溪，乌江西岸台地。20世纪后期与21世纪初期的几次考古发掘，惊醒了那些巴人祖先沉睡的灵魂，部分揭开了巴人之谜。它印证了《华阳国志·巴志》“其先王陵多在枳”的记载。古称为“枳”的地方，就是今天的乌江出口的重庆市涪陵。出土的随葬品有巴式编钟、虎钮錞于、铜钲、柳叶剑等战场用器。编钟，是祭祀和宴饮最隆重的礼乐乐器。虎钮錞于形似圆筒，是一种可悬挂的军中乐器。其虎头饰物，具有独特而浓郁的巴文化特征。虎仰首翘尾，身有文饰，是典型的巴式文物。《后汉书》说：“廪君死，魂魄世为白虎。巴氏以虎饮人血，遂以人祠焉。”巴人便以白虎为图腾，这也许是因为敬畏而产生的崇拜。在贵州土家族聚居地方多次出土的巴式编钟、虎钮錞于，也很容易让人联想到巴人进入乌江腹地、辰水源头的情景。

西周铜鼎

《十道四蕃志》

唐代武周时梁载言所撰，共计十六卷，为后世研究唐代地貌和疆域等提供了宝贵的重要史料，是唐代全国地理总志。书中先述其地理方位、四至八到，各道州数并府州名；然后按州分述古为何郡，唐代为何县。该书主要记述唐代地理位置、王化所辖州府和各种物产等地理资料，所载名胜古迹和各民族风俗习惯也十分丰富。

唐代著名大诗人杜甫有一句诗：“水散巴渝下五溪”，它很好地传达出巴国灭亡后，有关巴人的归属和土家族族源的丰富历史信息。之后的《十道四蕃志》也云：“楚子灭巴（指巴国都枳），巴子兄弟五人流入黔中。汉有天下，名曰酉、辰、巫、武、沅五溪，各为一溪之长，号五溪蛮。”辰溪即辰水，辰水上游在贵州的部分称锦江，又分为铜仁大、小两江，大江上游在江口县城又为两江汇合，故江口县城又称双江镇。此三条支流均发源于武陵山主峰——梵净山。因此，五溪中的辰溪包括今铜仁市的碧江区和江口县及松桃苗族自治县的部分地区，也就是说，碧江、江口、松桃也居住有巴人的后裔。

“巴”字最早出现在殷商甲骨文中，完整的称谓为“巴方”。这已显示出它的地域和社会特征。根据“巴”字的字形、读音，不少学者曾将它解释为“蛇”“鱼”等。甲骨文中，“巴方”的字样反复出现，记录下了商王武丁讨伐“巴”多次受挫的情况。

甲骨文　金文　小篆

“巴”的古体字形

无独有偶，在西周铜鼎上，虎的形象也活现其上。在其中一段周朝青铜工匠铸就的铭文中，详细记载了周成王派师南征“虎方”的情况，铭文同样反映出战争的凶险。一些专家通过多方考证，认为“虎方”就是“巴方”，周初时期盘踞在鄂西，中心就是今天的清江流域。

关于巴族的起源，当数《山海经》记载为最早。据《山海经·海内经》云：“西南有巴国。大皞生咸鸟，咸鸟生乘厘，乘厘生后照，后照时始为巴。”贵州土家族现在分布的地方，早在春秋战国以前，就有巴人在这块地域活动了，被称之为“巴方”。

什么时候有了“土家族”这个称谓，历史文献没有明确的记载，不同的历史时期或不同的地域，称谓都不同。“土家”这个明确的称谓，是在明清“改土归流”后，汉人大量迁入时才出现的。

春秋战国时期，以国命人，时称“巴人”。秦汉时期以其地域称族，将巴蜀之民统称为“南蛮”，其中就包括巴人。三国时，史书将五溪地区的居民统称为“五溪蛮”，其中就包括土家族先民。到晋朝时，以《华阳国志》为代表，对巴人的先民有了记述，其中为廪君后裔的有“賨”“夷篮”“白虎复夷”“板楯蛮”“弜头虎子”等。其后的《宋书》却把巴人后裔纳入了“盘瓠之后”。在《南齐书》

改土归流

改土归流是指改土司制为流官制。土司即本土民族的首领，流官由中央政府委派，改土归流有利于消除土司制度的落后性，同时加强中央对西南一些少数民族聚居地区的统治。

中，又出现有“武溪酉阳蛮田思飘寇抄”，“湘川蛮陈双，李答……”等记载，将这一带的土家族先民称为“武陵酉溪蛮”“湘川蛮”等。《周书》中，沿用了《南齐书》的称谓，称为“酉溪蛮”。《北史》对土家族先民的记载较为具体。载曰：“有冉氏、向氏、田氏者，陬落尤盛。余则大者万家，小者千户，更相崇树，称王侯。屯据山峡，断遏水路，荆、蜀行人，至有假道者。”该传还列有田乌渡、田弘等首领人物的活动。《隋书》则载称“有獽、蜑、蛮、賨，其居处风俗、衣服、饮食，颇同于僚，而亦与蜀人相类”，将其总归于“南蛮”类。唐宋时期，对于土家族先民的称谓较细，诸如“夔州蛮”“彭水蛮”“辰州蛮”等。《太平寰宇记》中，“思州”条下的风俗部分载：“蛮僚杂居，言语各异。”思州辖的“思邛县”条下又载：“唐开元四年（716 年），招集生夷僚以置。”这里把当时思州境内的居民都归为“蛮僚”，而且有着各自不同的语言。到宋代，对于土家族先民的称谓有所变化，《宋史》里将田佑恭所领军队称“土丁”，出现了“土”字。以后的《续资治通鉴》称田佑恭为“思黔夷，所部土丁药箭手”。又有明嘉靖年间《思南府志》载：“大观元年（1107 年），蕃部长田佑恭愿为王民，始建思州。”对以贵州土家族为代表的思州田氏政权称为“思州夷”，称田佑恭为蕃部长，把田佑恭归于“夷”类。

土家族姑娘

进入明代，史书方志对贵州境内的土家族先民的记载就更多、较详。《明实录》中称思州、思南等地的人为“土人”，明代《寰宇通志》思南府条中也称“土人”。明弘治年间《贵州图经新志》“思南府”条下载：“居东南者，若印江、朗溪，曰‘南客’，有客语。居西北者，若水德江、蛮夷、沿河、务川者，曰‘土人’，有上（土）语。”以上引文中提到南客和土人。关于土人，上文已叙，南客即指“冉家蛮”。据《炎徼纪闻》载：“今酉溪、乌落（罗）之长多冉氏，一曰‘冉家蛮’，之后曰‘南客子’，其俗散处于沿河祐溪、务川之间。”在沿河自治县内有一个镇名叫客田，印江自治县内有一个乡名叫南客。明弘治年间的《贵州图经新志》中明确指出：土人即土蛮。明嘉靖年间的《贵州通志》“铜仁司”条下载有土人，“省溪司”条下亦载有土人。明郭子章在《黔记》中称：“贵州本夷地，一路诸城外，四顾皆苗夷，而种类不同。自贵阳以东者，苗为伙，而铜苗九股为悍，其次曰仡佬，曰佯，曰土人，曰峒人，曰蛮人，曰冉家蛮，曰杨保，皆黔东夷属也。”在《明史纪事本末》里亦有类似记载。

土家族称谓经历了巴—巴蛮—蛮夷—夷丁—夷土丁—土人—土蛮—土家族（毕兹卡）的演变过程，直到1956年土家族才被国务院正式确认为单一民族。贵州土家族认定则是1985年的事了。如今贵州土家族有140多万人口，他们居住在贵州的沿河、印江、德江、思南、江口、碧江、务川、道真、镇远、凤冈、岑巩、石阡、松桃等县（自治县、区）。

《炎徼纪闻》

以反映广西民族为主要内容的南方民族史著作，成书于明嘉靖三十七年（1558年），作者田汝成，系钱塘人，嘉靖年间任广西布政司右参议。

“炎徼”泛称岭南炎热，故名。卷一记载广西田阳土官岑猛等人的事迹。卷二记载广西大藤峡一带少数民族起义及明朝政府镇压和安抚措施。卷三记载田琛等人的事迹。卷四记载壮、苗、瑶、彝等民族的族源、社会生活、风土人情、宗教信仰等。此外，还记载岭南、西南各民族政治、经济、军事、文化等。是研究广西和岭南民族史的重要史料。现有清嘉庆十三年（1808年）刻本和1936年《丛书集成初编》本。

白虎走在悠长的盐油古道上

乌江，这条逶迤于贵州高原的大河曾经涛声激荡，在西部历史上激起惊天回响。历史造就了乌江曾经的辉煌，那些樯帆林立的场景，记载于历史文献中，流传于民间传说里。

陆上盐油古道

在重庆至贵州的崇山峻岭之间，自古存在着一条运输盐油的古老通道。无论是远古的巴人，还是后来的土家族人，都往来于这条古道。这条古道是巴人、土家族人的生命线、经济命脉。它以乌江航运为主，水陆并进，自渝境涪陵码头转运长江上卸载下来的川盐，溯乌江经武隆、彭水、龚滩、沿河、潮砥，抵达思南，然后从陆路辐射到黔东、湘西、鄂西等地；顺江而下的船只，则将桐油、皮张、药材、生漆、朱砂等贵州土特产品载运出黔。这条被称为“渝黔文化通衢”的乌江盐油古道不仅带动渝黔经济发展，而且随着大量移民的迁入，带来了先进的生产技术，各种文化的交融、经济互动，使得古道所在的乌江流域成为当时渝黔经济文化繁荣的地区之一，极大地推动了这里文明的进程，其影响延续至今，其历史价值与巨大贡献，堪与滇藏之间的茶马古道媲美。

寻踪古道，运销贵州的川盐进入贵州的路线主要有 4 条，经过四大口岸，即所谓的仁岸、綦岸、永岸、涪岸，其中对贵州影响最为深远的是涪岸。涪岸就是千里乌江盐油古道的起点，它起运的就是四川富顺、荣县和犍为三地所产盐巴，运抵川境涪陵（今属重庆）后再行转运，溯乌江经彭水至龚滩后，盘滩转运、起盐换船经沿河而达新滩，再次盘滩转运至德江潮砥，然后第三次换船抵达思南。有的盐巴还需第四次换小船，经乌江支流龙川河后抵达石阡。

但以上水运码头并非盐油古道的终点，古道继续向贵州腹地及重庆、湖南边境延伸。从这些码头出发，还经陆运销往三处：一是由沿河通向松桃、铜仁、秀山；二是由思南经石阡龙家坳至思州（今岑巩），再转水运至龙溪口及镇远；三是由重庆彭水运往正安、务川，这是盐运的路线。而乌江沿岸的高山谷地，则有着丰富的资源，如粮食、木料、药材等，尤其盛产桐油。在石油出现以前的古代，桐油是重要的生产原料，它是天然油漆，也是照明燃料，用途十分广泛。这些土特产的出境，也是依托于这条古老的运输通道。如此，一条以运送盐、油为主的古代通道，在我们的视野里渐次清晰。

在这条盐油古道的历史上，巴人及其后裔土家族扮演了重要的角色，他们是盐油古道的组织者和受益者，他们使盐油古道成为古代贵州的一条黄金通道，像血液一样流淌在贵州土家族地区的经济命脉的毛细血管里。

让我们放眼乌江。溯源历史，秦灭巴楚的故事尽人皆知。早在公元前 280 年的战国时期，秦国大将司马错征伐楚国，正是从乌江与长江交接处的重庆涪陵逆水而上，直奔楚国黔中地。而战国时期黔东地区的沿河、思南、德江、印江、石阡均属黔中地，《华阳国志 · 巴志》对此有明确的记载，最早用于军事运输的乌江因此被载入史册。而巴人的活动远比历史的文字记载要早得多。隋唐以前，乌江河道似乎畅通无阻，因为乌江三大断航滩的形成，都是在唐宋以后。但人类的脚步，并没有停止前行。随着人烟的稠密，乌江航运逐步向纵深推进，向中上游的黔东地区延伸。

晋灭掉蜀汉以后，准备进攻吴，将乌江航运继续向上延伸，蜀郡益州刺史王濬大造舟船，王遣参军李毅由涪陵入取武隆，李毅从乌江进军的路线与秦将司马错取黔中郡路线近似，这是乌江水道的又一次军事利用。同时，乌江民运也在发展，虽然地处边缘的巫盐、郁盐资源枯竭，但很快海盐、自流井盐和贡井盐，仍然通过乌江航运，大量运往川东和黔东北等巴人地区。乌江沿岸的丹砂、中药材、煤、茶、漆、

今天的沿河土家族自治县县城

麻等土特产又源源不断地通过乌江进入长江，运往中原。

宋代，由于乌江航运有了新的发展，乌江沿岸的开阔地带也得到了开垦，北宋景德二年（1005年）在乌江沿岸垦荒种地就能收获粟万余石。明代朝廷在思南、石阡、铜仁、乌罗等地建了八府，同时建贵州行省，黔桐（油）入川，川盐入黔，使乌江整体航运得到更快发展，成了真正意义上的乌江盐油古道，给乌江经济文化开发带来了新的机遇。同时，沿江的农业耕作、经济林木、畜牧产业、加工业、纺织工艺、竹藤编技都有了新的发展，思南、沿河、德江潮砥等不仅成了本土物资集散地，也是沿江周边等各府州县的物资集散装运的重要港口。清雍正九年（1731年），颁"定口授盐"之法，按人口多少来配盐，招专商承引，分场定岸配销。黔东北地区逆乌江而运销川盐，由乌江入长江口之涪陵逆江而运，被称为"涪岸"。

盐运是乌江航运中的主体，航运业的发展，带动了农副产品的生产加工和运输，如粮食、木料、药材等，尤其是乌江沿岸盛产的桐油，占当时全国桐油产量的三分之二。这些土特产的出境，也是依托于这条古老的运输通道。故思南、沿河、龚滩、彭水、涪陵等很快发展为商贸中心，仅大小盐号就有360多个，还吸引了四川、陕西、湖南、江西、上海等外地的商人来乌江沿岸经营食盐、大米、黄豆、桐油、生漆、木油、山货、布匹、中药材、煤油等，仅沿河城就有外来者不下200人。这些人的到来，使乌江沿岸的商贸业得到迅速发展。

明洪武十四年（1381年）九月，明朝将领傅友德率30万大军从四川、湖广远征云贵，大量粮草运输就取道乌江。除军事用途外，乌江航运更多为民用，其中运量最大的货物就是食盐。明朝贵州巡抚郭子章在《题征路苗善后疏》中说，食盐从四川数处运入贵州，其中一半运到思南销售。清代的历史更为清晰，川盐运抵重庆涪陵后上溯乌江，经龚滩、新滩、潮砥等处盘滩转运贵州沿河、思南，再分销至石阡、铜仁、镇远以及重庆秀山，每年都有数百万斤川盐辗转入黔。因为关系民生，又有利可图，故盐为官办商运。乌江航运由此兴旺。

民国时期，日寇侵华，国民政府迁都重庆，川盐济湘，湘粮调川，乌江航运更是成为国民政府维持正常工作运转的重要生命线。

今天的涪陵码头

古纤道托起巴人的梦

乌江古纤道

随着乌江梯级水电站的开发，江水上升，250千米的纤道都先后被江水淹没，唯有思南境内的两江口悬崖绝壁上，至今还完整地保留了两千多米的古纤道。

古纤道，是巴人在乌江数米高的悬崖陡壁上，人工凿出来专供拉纤背船行走的通道，其高仅容人躬身而行，宽不过三两尺（不足一米），逼仄陡峭，是纤夫们的一条生死线。它凹陷于悬崖陡壁之中，犹如一条巨龙沿河爬过群山。

乌江纤道开凿始于战国初期，巴人的一支从巴子国都枳（今涪陵）溯乌江而入今武隆、彭水、酉阳、沿河、思南等地，他们所用载盐之民船，载兵之军船，必须以人力拉行。由于乌江沿岸险峻，拉纤困难，迫使他们不得不在沿岸悬崖上开凿纤道。之后，秦昭王二十七年（前280年），秦将司马错伐楚，率巴蜀众十万、船只一万艘，载粮六百万斛，溯巴涪水（乌江）夺楚黔中地置秦黔中郡，也需要在乌江两岸开凿纤道。明嘉靖十八年（1593年），贵州土家族先贤田秋奏请朝廷疏浚乌江航道，得到准许。川盐有半数经乌江运至思南贩卖，当时乌江大规模的运输，必然要在乌江两岸陡滩处开凿纤道。清道光十二年（1832年），思南知府杨以增为改变思南河段镇江阁常翻船的情况，倡议在镇江阁悬崖凿纤道。清光绪三年（1877年），四川总督丁宝桢为获乌江盐利倡导整治乌江，出银四五万两，疏浚涪陵至龚滩航段55滩，还开凿了木船纤道；乌江中游由盐商出钱，百姓出力，直疏航道到江界以上500余里，疏凿险滩50余处，先后费时3年多。清末民初，思南商民刘维章、吴光廷，以经营

丁宝桢铜像（贵州织金）

米豆为生意，常船运到涪陵销售。当时沿乌江两岸的凤冈、石阡、余庆、湄潭、瓮安等所属地区，盛产米豆，于是他们用很低廉的价格囤积了很多。但这一段乌江沿岸的雷洞、银盆、水油、鱼翅等地因险滩不能通航，只能靠肩挑背驮，成本相当高。刘、吴二人便组织开凿、疏通航运，很快打通雷洞、关门石、银盆、水油等滩，船直达余庆县的构皮滩。刘、吴二人开拓乌江航运的行动，带动了乌江沿岸乡绅，如通木坪（构皮滩）的一块《修河碑》记载了余庆县乡绅田余章等参与开凿各滩之事，《瓮安县志》也记载了乡绅聂松之、肖元兴、于士龙等筹资凿开老虎口断航滩一事，等等。余庆县政府也拨专款协助打通了最大的鱼翅三滩，致使乌江航道延至湄潭的沿江渡，直抵瓮安的江界河。

《修河碑》记载说：当这次疏道成功船运初通时，沿岸百里的居民争先往看，以酒食花炮贺其成功。自此，印江黄州布、思南雄黄精均由水运至江界河，再陆运至省城贵阳。瓮安、余庆等县之米粮沿乌江船运至思南，每逢场期，思南河坝码头常有米船三四百号，贸易极盛。《修河碑》还写到：乌江航道疏通后，两岸人民创业不再艰难，百姓谋生也更加容易，商务发达起来，资源也充分被利用……以“老不填沟壑，壮不散四方”等语句来赞扬这次疏理航道工程的功绩和为民造福之壮举。

从此，乌江中游沿岸土特产通过乌江直达中下游交合点的思南县城，而川盐、布匹从思南城又可直接航运到乌江中游各个码头。

抗战时期，国民政府水利机构导淮委员会入川，在涪陵设立乌江水道工程局，对乌江航道整治以“轰滩为主，开辟纤道为辅”，经过7年的整治，消除了“十船九翻”之虑。同时，加宽改善了潮砥、新滩、

纤痕

龚滩的搬运道。

乌江纤道凿出来了，无数的纤夫也走来了，他们以无比雄浑的方式在石头上刻下了奋斗的碑记。乌江纤道是纤夫的灵魂定格在绝壁上的真实写照，是千百年山峡纤夫的血泪和乌江水运苦难史的见证。

也许在 20 世纪 80 年代以前，你从乌江走过，还会看到这样一群纤夫，如俄国画家列宾笔下《伏尔加河上的纤夫》的形象，伴随着“上陡滩，也含啦，口吐泡沫，也含啦，眼勒翻，也含啦”的震天的号子，几个赤身裸体的纤夫拉着一只歪屁股船在险滩上拼命地挣扎。江水喧哗着，猛烈地撞击着船头，激起高高的水浪。纤夫们在悬崖峭壁纤道上，用铁钳般的粗手紧紧抠着石棱石缝或抓紧灌木树枝，双脚总是使劲地蹬着每一处突兀的乱石棱，肩上的纤绳深深地勒进肌肉里，痛苦的脸上饱含着沧桑，豆大的汗珠在他们那古铜色的皮肤上碎成了八瓣，这些真实感人、扣人心弦的场面让人震撼！

纤夫们肩上的那根纤绳，是纤夫的饭碗，因此，纤夫们对它特别看重。用来制作纤绳的材料要取山涧最好的荆竹，或江岸竹林里的慈竹，请手艺最好的篾匠，用刀剐出竹的表皮编制而成，再放入烧得滚开的硫黄水中煮过，纤绳就变得十分坚韧，同时也不会被虫蛀掉。拉纤时，纤绳的一头系在船上的桅杆根部，另一头则由领纤的拉到岸上。纤夫们不会赤手去拽纤绳，一是用不上劲，二是拽不了多远，双手就会被

古纤道上的纤夫

纤绳拉得鲜血直流。因此，每一个纤夫都有一条缠绕在绳套上用来垫肩的帕子，这些帕子是纤夫们的妻子或母亲用上好的白棉布细心缝制的，帕子的内面即搭在肩上的那一部分必须非常平整，不能有任何装饰。

船遇激流险滩，领纤的要迅速地跑到前面去，纤夫们也要以极快的速度奔跑。在跑的过程中，要迅速地将纤绳套在各自肩上，顷刻间，纤夫的腰就变成一轮满弓，而纤绳就如绷直的弦。就这样，十几二十个纤夫吼着闷雷般的号子，以最悲壮的姿态把险滩上轻则十几吨，重则几十吨的歪屁股船拴在了自己的命运上，奋力与大自然展开搏击。

船进入长滩，要么卸船，越过滩险再装载，要么靠纤夫从纤道上把船拉过长滩。往往 100 多个纤夫，吆喝一声，便全都爬上 10 多米高的古纤道了。

纤夫们在夕阳西下的时候登上悬崖，走进纤道，站在梦幻般的晚霞组成的云河边，便看到了一种奇景：在已经暗淡下来，因而显得更加苍茫峻峭的峡谷上端，那些凌空出雾的峰峦，那些葬着古代巴人亡灵的悬棺，都沐浴着残阳，被峡谷的阴霾衬托得金光闪闪，格外耀目。然而，纤夫们没有心思去观赏眼前的美景，他们只是默默地伏下身去，拉起纤绳，喊出一声声号子用力向前。前面，是生活的希望。

古纤道

巴盐烙下的印记

在渐行渐远的那些岁月里，浩浩乌江舟楫往来，白帆云集，昼夜繁忙的众多码头上，停靠着一只只歪屁股船，穿过无数惊涛的盐商、船夫们，从船上卸下盐巴一步步登上山城、集镇那一条条悠长的石板小街。于是，这乌江沿岸的山城、集镇里，就有了来自陕西、江西、四川、湖南、湖北等地的商人，接着就有了热闹的城镇、会馆、盐号，成为巴盐烙下的印记。

《思南府志》说“乌江下通蜀、楚，舟楫往来，商贾云集”，元末明初，大量外地移民迁入思南宣慰司，以陕西、江西最多，如今的黔东北人，许多人的祖籍是陕西或江西。川盐入黔的巨额利润吸引了大量外地客商涌入乌江沿岸各大码头商埠，这些来自不同地方的客商在乌江沿岸留下大量建筑。至今尚存的有陕西人在思南修建的西秦会馆，江西人在思南、沿河、印江修建的万寿宫，四川人在沿河、潮砥

周和顺盐号

汉代李冰塑像

修建的四川会馆，即“川主庙”或“川主宫”。如今思南的万寿宫、府文庙、川主庙、王爷庙、永祥寺、“周和顺盐号”等均已成为全国重点文物保护单位。

周和顺盐号

一个盐业老号至今在思南依然保存完好，这就是人称“周家桶子”的“周和顺盐号”。这是一座四合院木质建筑，位于思南县城乌江西岸，在四面马头形的封火墙内，由正房、对厅、两厢、盐仓等构成一个封闭式四合院，有大小房屋30多间。其中花园、天井、排水系统等布局巧妙。

盐号天井内尚存大石一礅，石上有孔，刻有“斤两”等字，显然是个秤砣，是盐号当年使用的石头秤砣。周氏祖籍为重庆龚滩，清末迁居思南，开设“和顺”盐号经营川盐，将来自涪陵的川盐运销思南、石阡、印江等地。

思南川主庙

无论是乌江沿岸的西秦会馆，还是富丽堂皇的万寿宫，都彰显出一种明清时期乌江沿岸的开放性与文化的多元性。的确，那时乌江虽处西南边远地区，却有着海纳百川的胸襟和视野。川主乃四川本土之神，是巴人后裔李冰的神化。李冰为战国秦昭王时的蜀郡太守，因修建都江堰而名垂千古。史载其“凿离堆以灌溉诸郡，沃野千里，而无水患”。李冰治水，变水患为水利，造福于民，故被川人神化并奉为“川主”。在四川的土地上建川主庙，一点也不奇怪，但它却在贵州境内的乌江沿岸随处可见。其实道理很简单，乌江水急滩险，常有水患，修建川主庙，乌江的巴人后裔们岁时祭祀，希图借李冰之神力而变水患为水利，这固然是土家人建庙的初衷，也是川黔文化交融的结果。

思南水通巴蜀，山连荆楚。因为盐运的历史需要，形成了从四川自贡经长江、乌江进入贵州，辐射黔东、湘西的一条盐运古道，这也是一条江河文化走廊。而乌江航运的兴旺催生了思南的繁荣，五湖四海各路神仙云集思南也就不足为奇。其中，当以四川（含重庆）人为最。不仅有腰缠万贯的盐商，更有筚路蓝缕的普通川人。据《思南府志》记载：

“弘治以来，蜀中兵荒，流移入境，而土著大姓将各空闲山地招佃安插，据其为业，或以一家跨有百里之地者。流移之人，亲戚相招，缰属而至，日积月累，有来无去。因地产棉花，种之获利，土人且效其所为，弃菽粟而艺棉。”可见，川民的涌入，不仅使这里农业生产得到了一定的发展，生产关系也起着一定的变化，同时还带来了种棉技艺，并将之推广，在获利甚厚的同时也带来了当时较为先进的异地文化。这样，川主庙的存在，就是一种历史佐证。那些怀着打拼梦想的四川人背井离乡，远赴略显荒蛮的乌江，也许确实需要这么一个精神家园，寄放他们的归心与乡愁。

思南川主庙依山而建，背倚白虎岩，前临乌江，在地势上利用天然坡度，建筑自下而上渐次升高，坐南朝北，因地制宜，布局上匠心独运。不仅具有川式传统建筑特征，还有思南山城建筑的地域特色，更有巴文化的内涵。整个建筑群占地面积约1500平方米，建筑面积800平方米。由正殿、前殿、两厢组成一个四合院落，建筑平面呈长方形，讲求中轴对称。可惜前殿被拆，现在仅存正殿、两厢、抱厦和后殿，原有风

周家盐号

貌犹存。

思南王爷庙

王爷庙，这名字有些奇怪，让外地人不知所云，然而，它确实是是乌江盐油古道上劈波斩浪的船帮们心目中的圣殿和聚会场所。广袤中华大地，只有乌江沿岸土家族地区有专门为船帮们建筑的王爷庙。明清时期，乌江盐油古道繁荣昌盛，所以，王爷庙应运而生，几乎遍及乌江沿岸所有城镇。像彭水、沿河这样的城镇，一城还有两座。但能完整无损地保存下来的，就只有思南的王爷庙了。

思南王爷庙始建于明朝中叶，一度被洪水冲毁，现存建筑为清光绪二年（1876 年）重建，背倚白虎悬崖，前临乌江江水。阴阳五行学说中有“金生于水”之说，建庙于峡谷出口河流迂阔之处，暗含平安、紧锁财运之意，也有借白虎之威，借巴人之魂，镇洪水之灾的意思。两进四合院建筑，雕梁画栋，富丽堂皇，四周封火高墙。由外而内依次为山门、戏楼、正殿及两边厢楼、后殿、僧舍等建筑，占地约 600 平方米。有两厢、抱厦、正殿、僧舍等，正殿雕刻非常精致，其为穿斗抬梁混合式木结构，悬山青瓦屋顶，昔日辉煌依稀可见。

清代杨泗将军像

每年农历六月初六为王爷会，是米粮业、行商、走水船帮行会。乌江船帮须打酒、割肉、杀鸡，还要敲锣打鼓，鸣放爆竹，抬整猪整羊去王爷庙举办王爷会，祭拜民间道教水神，除妖斩鬼平定水患的杨泗王爷。祭祀时，要焚香、点烛、烧纸钱。杀鸡是最有特色的一项仪式。鸡要大红公鸡，并要威猛雄壮，富有生命活力，将鸡杀了后，将血涂在船头，鸡毛贴船尾，再挂上长钱以表示祈祷。随后，还要请人吃饭喝酒，共同祝福平安。船帮在祭拜自己的神灵杨泗王爷时，极为虔诚，因为杨泗王爷是保护他们生命平安，行业兴旺发达，财源滚滚的象征，也是他们心目中的偶像和精神支柱。

在思南，任何行业办会除祭祀本行业的祖师爷外，都要祭祀财神和镇江王爷。作坊、商店的学徒都要交敬神会的股子钱并在神前叩头才算入帮。“吃饭要上粮，买卖要帮会”，乃是清代和民国年间做生意的习俗和帮规。

至今，乌江还有放河灯的习俗，每年农历六月初六，思南中和山华严寺的和尚、居士就会扎好五颜六色的彩色纸灯，内点蜡烛，放入乌江之中，同时焚香化纸口念佛经，是为了纪念杨泗王爷。

万寿宫

输运巴盐的“歪屁股船”

传说乌江歪屁股船起源于廪君的土舟。唐代韦建《黔州刺史薛舒神道碑》说：“黔中者……有廪君之土舟。”这种土舟，就是古代巴人乘行乌江的木船，后来被土家族人改为中国内陆河三大独特船型之一的乌江歪屁股船。这种船在乌江上行驶，至少已有一千多年的历史。抗日战争期间，英国随军记者欧文途经乌江，对这个中外造船史上独一无二的奇特船型产生了极大兴趣，专门将其绘制成图，在《泰晤士报》上进行介绍。在方志的记载中，它叫厚板船。民国《涪陵志》载：“涪陵江自边滩迤南水急滩险，舟用厚木板，左偏其尾。掌舵立于船顶，以巨桨作舵，长几等于船。取眺望远而转折灵便，其船谓之厚板船。”

歪屁股船的造型极富创意和个性。船尾两舷绝不平衡对称，而是畸形地歪扭着一侧屁股，高高上翘，并向左方歪斜；干舷很高，两舷外各有三根柄，结构特别紧凑、坚固。这种船适宜航行于滩险水急的乌江，它以梢代舵，转向比较灵活。梢长约20米，架于船后歪尾巴上，下端伸向水中，上端伸向官舱篷顶，艄公站在官舱篷顶的木架上，瞭望前方，掌握操纵。善于奇思妙想的乌江人，称之为“歪屁股船”，

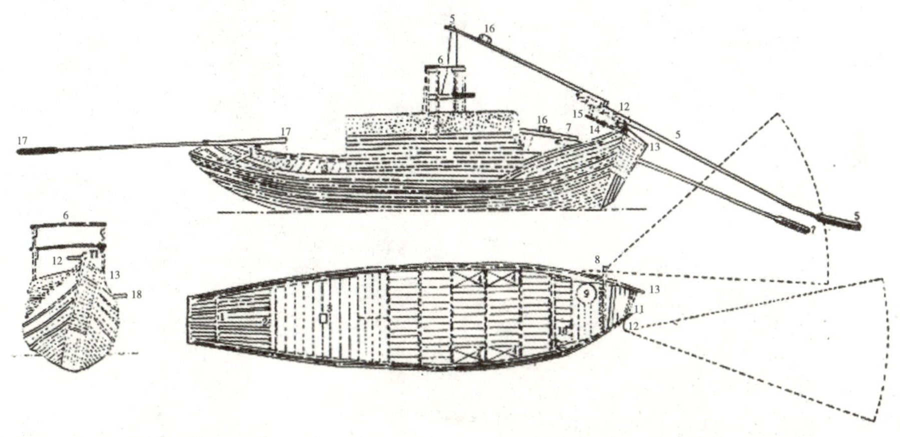

1. 颈子　2. 横马　3. 稿盘　4. 侧包舱　5. 大艄（艄叶）　6. 天花板　7. 横艄（艄叶）　8. 横艄桩　9. 火舱　10. 灶台

11. 尾担子　12. 果尾　13. 俄搁　14. 艄担子　15. 艄绳　16. 艄娃　17. 前艄（艄叶）

英人欧文绘制的歪屁股船

确实太形象不过了。教育学家黄炎培于20世20年代曾到乌江一游，见了“歪屁股船”，也不禁诗兴大发，提笔写诗一首：

一江黄碧色分明，水入涪陵有浊清。
滩恶当门君莫进，黔船曲尾峡中行。

诗人在诗句的后面，还特别写上一段注释：“……乌江有滩当门，舟不得入，行乌江中者，别有曲尾舟，因江多滩，水急如瀑，故翘其尾，并作斜势，以避下滩时水泻入船，俗称‘歪屁股船’。”

很早的时候，乌江岸边的黑獭堡、新滩就已出现了土家族田氏、侯氏制造木船的工厂，为乌江航运生产了大批歪屁股船，满足了思南、沿河、潮砥、新滩、龚滩等地盐油运输的需求。土家人称制造木船的木匠为“水木匠”，乌江最初的木船制造基本上是由田氏、侯氏这两支“水木匠”队伍所包办。一代代能工巧匠将精湛的造船技艺薪火相传，使得田、侯两家水木匠的造船生意同乌江盐运一样兴旺。

造船的地方通常选在乌江沿岸的沙洲或草地上，并且是露天作业，以便新船打造成功后直接进入河道。这样既减少了麻烦，又节省了劳

歪屁股船

力。造船的木料多为耐水的椿木与坚韧的柏木。船底用椿木，船身用柏木，且需厚实无节疤，厚度均在4厘米以上，能承受深度撞击。造船的工序是先用抓钉、销钉、咬钉将木料固定，连成船型，接着用竹麻团将木板间的缝隙和有孔的地方塞满，再用桐油、石灰浆敷在竹麻团上，使其滴水不漏。最后，在船的整个表面漆上一层厚厚的桐油，新船也就打造成功了。送新船下水或修复旧船出航，或远航启程，船主都像嫁女一样十分郑重，要选黄道吉日，举行庄重而肃穆的祭祀活动。与土家山寨的住房一样，每一只船都有自己的香火神位，而且不同的方位供着不同的神灵。比如，船头最前面的一块甲板，这是船神之位，任何人不得在这里站立或蹲或坐；船尾"水舱"的隔板上，供设着"镇江菩萨"；船中央的舱室是烧饭之地，两侧舱壁供着"灶神菩萨"；船舷的橹把上供着造船的祖师鲁班的神位；航船的两舷，右舷是太阳神，左舷是月亮神……在船只下水或出航的仪式举行之前，船主要打酒、割肉，还要准备一只大雄鸡和香、纸、烛之类的物品为仪式作准备。

整个仪式的气氛颇为神秘。首先由造船的水木匠师傅进行"封

乌江鸳鸯

赠”，只见师傅口中念念有词，然后语速逐渐加快，使人不知所云，大概是说一些“出入平安”“顺水顺财”等祝福的话语。祝福的同时还伴着烧香、化纸、点烛，将鸡冠上的血以及鸡毛沾于船头、船把、桅杆、舱壁和船舷两侧，以祭祀“镇江菩萨”和船上诸神，祈求保佑平安。因为行船或拉纤有种种危险，在举行新船下水仪式的过程中，很多语言和行为举止是被严厉禁止的，比如说：在言语上除了不得提到“沉”“翻”“塌”“落”“亡”“打”“撞”“搁”“烂”等与沉船、翻船、撞船、搁浅等危难事故有关的字眼外，还忌讳说“舀”“散”等字。“舀”容易联想到船破进水的舀水。万一非说不可则要改为“锚水”“锚汤”。所以，对于船工纤夫们来说，有着许多专门的术语，他们把“船帆”叫做“布条”，因“帆”与“翻”谐音；“碗”叫“莲花”，因碗有装满水的意思；“筷子”叫“摇片”，或“篙竿”；姓陈的人得叫“老菌儿”，因为“陈”与“沉”谐音，有些姓陈的船工或纤夫，为了图吉利，干脆将自己的陈姓改为他姓。为防人多嘴杂而发生不测，新船下水的祭祀活动，往往选在夜深人静的时候举行，新船就这样在神不知鬼不觉中悄悄进入了乌江。

“水木匠”备受船家的尊重。新船下水，每个“水木匠”还能得到船家的一条围腰或一双新鞋。作为牺牲品，用于祭祀的公鸡最终成

泊船江上

了下酒菜，但鸡头必须由“水木匠”师傅享用。

船行水上，规矩是不能乱的。比如，船夫们忌在船上洗脸，因为按照土家人的习俗，头脸沾水，便意味着将有溺水之灾；忌打呼噜，吹口哨，不准客人坐在船舱，忌睡觉时仰睡，忌在船头大小便；吃饭时，只有舵手可发布开饭号令，并且只有他才可以揿开锅盖。船夫只能蹲着用餐，而不可站着或边吃边走动。船上还忌讳打碗摔筷，万一不慎掉落碗筷，只可默不作声地收拾，而不要说出“掉了碗筷”等不吉利之词，忌将碗端上岸；行船期间，要是有人生病，也只能熬到目的地再医治。更不能在船上行男女媾和之事，或运载尸体。

乌江河床逼仄，暗礁丛生，滩险水急，漩涡密布，只有歪屁股船才具备了独特的控制系统，驾船的艄公遵循着传承，积累着经验，舞动着一招一式，借力使力，借力引力，从而使船行乌江，哪怕洪涛接天，巨浪如山，仍然云帆高张，昼夜星驰，冲波逐浪，无所畏惧。

HUXIAO
虎啸
武陵
WULING

贵州土家族田氏大土司

贵州建省600年后的2013年3月，正是春暖花开的时节，我们先后来到思南、思州田氏宣慰使的住宅（今思南府文庙和岑巩田氏衙门），只觉得四面八方都弥漫着历史的沉重感和一丝苍凉，那气息很浓，很呛人。我们深深地吸上一口，仿佛田氏土司800年的风云都在我们心中翻腾。

我们站在蓝天白云下，飘飞的落英犹如纷纷红雨，萦绕盘环在起伏的崇山峻岭间。一行白鹭横过奔腾的乌江，白云成团地在天空急驰，此景此情，使我不能不想起脚下这片热土曾经产生过的几代土家先辈，田宗显、田佑恭和田仁智，是他们在大西南这个荒远偏僻一隅打下一片江山，并长期与中央政府保持一致，励精图治，经过数百年的努力经营，以开放的心态接受并传播先进文化和生产技术，为乌江流域的经济文化开发与发展做出过较大的贡献，为贵州的经济文化开发与发展做出过重大的贡献。

史学界有“思播田杨，两广岑黄”的说法，描述了思州、思南田氏、播州杨氏以及两广的岑氏和黄氏这四大土司当年的赫赫威名和熏天权势。

我们先来谈谈田宗显吧。他的出现，至今还是一个谜，历史学家们还在打笔墨官司，有的说他是三峡一带的巴人强宗大姓田氏的后裔，也有人说他是从陕西而来。不管怎么说，他是第一个开发乌江流域的人，也是乌江流域田氏政权的奠基人。隋开皇二年（582 年），乌江下游的黔中（治所彭水）包括今黔东北一带，处于湖广、四川交界的“两不管”的位置，这里山峦起伏，地势险峻，交通极为不便，历史上被称为“蛮夷之地”，加之“夷苗屡叛”，人民生活贫困、难以安宁。对于治理黔中“蛮夷之地”，隋文帝几近无计可施。此时，大臣苏威保荐田宗显为黔中刺史。田宗显与子田惟康（田世康）到任一年多，黔中大治，政通人和。隋文帝大悦，于是封田宗显为国公节度使。后来，陕西天鹅山金头和尚叛乱，朝廷再次调遣田宗显前往征伐，两军决战于天鹅山，仗打得天昏地暗，十分激烈，金头和尚一方终不是黔兵对手，败退四川成都，田宗显穷追不舍，追至重庆朝天门又战，金头和尚再败退往小河。追及复战，金又败。黔兵追至漆地安营，访金至庸州，田宗显详观其地形，山环水抱，气象万千，随即居住下来，等待擒拿金头和尚，同时奉命镇管黔中思州十八堡，沿河四十八渡。后又被加封为宣慰荣禄节度使金龙护国公，子孙世袭，军

田宗显

田宗显(561～633)，字辉先，号跃华，古庸州人，今贵州省沿河土家族自治县、德江县和务川仡佬族苗族自治县等一带人，是黔东北土家族田姓始祖。隋开皇元年（581 年），大臣苏威以田宗显才智过人荐举于朝廷，钦赐思州事。旋即兹土大治，民有太平，授兵部职。隋开皇二年（582 年），朝廷采用“以夷制夷”“以土官治土民”的羁縻政策，授田宗显为黔中刺史。唐武德初，田宗显被授宣慰节度使，其辖地包括今黔东北和川东南边境邻近的沿河、德江、印江、思南、石阡、务川、酉阳和秀山等县地。田宗显卒于贞观七年（633 年）癸巳岁，葬于今沿河县西北客田镇莲花坝一两丝，享年七十二岁。

民兼管。由此，田氏确立了在乌江流域中下游的统治地位。

田佑恭

田佑恭（1075～1154），字子礼，宋朝思州（今贵州务川）人，田宗显十四世孙，思州番部长官，其辖地在今贵州思南及务川一带。宋徽宗大观二年（1108年）田佑恭作为西南夷番部长官率土内附，朝廷以其为当地守官，并让其建立思州政权。田佑恭具有胆识，政和元年（1111年），被召入觐，宋徽宗观其出入拜伏举动，不似远荒落后之邦，特有好感，嘉奖有加。宋钦宋建炎初年（1127年），西南部有本地人王辟等人叛乱，攻破归州（现湖北省巴东、姊归一带），并将扼守长江瞿塘峡要津，田佑恭奉调征讨，遂使四川东南部地区得以安定。事后受朝廷赠给玺书奖励，领思州军事重任，以其业绩卓著，被朝廷加封贵州防御使，赠封为少师思国公。

再来谈谈田佑恭吧。田佑恭字子礼，宋朝思州人，是田宗显的十四世孙。田佑恭青年时常怀报国之志，成年后为维护国家统一，民族团结，社会安定，做出了卓越贡献。

北宋绍圣四年（1097年），靖州（今湖靖县）土酋叛乱，骚扰州县，荼毒生灵。朝廷鞭长莫及，遂诏其父都指挥使田仕儒率兵征讨。22岁的田佑恭自告奋勇，替父出征，终于讨平靖州大贼，凯旋班师。朝廷授以教练使官职。

北宋大观元年（1107年），田佑恭奉诏前往开封。在宫廷拜见宋徽宗时，他拜伏进退，彬彬有礼，不像边疆土著。具有深厚儒家文化修养的宋徽宗十分惊喜，高兴地说："西南崇山峻岭中，竟有这等深受儒家文化熏陶的土著首领。"从此，宋徽宗对田佑恭刮目相看，厚赐他为蕃部长，指定他统领思州大片领土。北宋政和二年（1112年）黄阳洞土酋冉万花聚众叛乱，进犯黔州，残民掠物，大为边害。黔州郡将陈括召田佑

思南府文庙（旧为思南宣慰司使田氏住宅）

恭协剿。田佑恭亲自率家丁数百，自带粮草，攻打黄阳洞，很快收剿了冉万花，并俘获杨文胜、冉万辽、冉万朝、路洗王等头目，将他们捆往彭水郡城，斩于藁街。政和五年（1115 年）田佑恭被调统领策应泸南，解梅岭堡之围。这次战斗打得很出色，田佑恭成为古今战争史上传奇式的人物。泸南梅岭，林箐草密，层峦叠嶂，“反贼”卜漏据险固守，要路设陷，官军无法围剿，求助田佑恭前往协攻。田佑恭叫官军正面佯攻，击鼓前进，数日如此，弄得敌人晕头转向，疲惫不堪；田佑恭令思、黔义兵捕得数十只猴子，每头捆一浇油麻辫于背上，待第三天夜深人静时，他率兵手持刀斧、药箭，牵着猴子，向反贼据点靠拢，系上绳梯，攀岩而上，登上贼营，将猴背的油辫点燃，趋入寨内。敌营茅棚竞相燃烧，猴儿左跳右窜，整个敌营一片火海，敌兵呼天唤地。官军正面进攻，里外呼应，腹背夹击，敌赴火坠崖者不计其数，俘斩数千人。这一战拓地两千余里。宋王朝论功行赏，田佑恭擢升为训武郎，进武翼郎。

政和八年（1118 年）田佑恭在务川置思州，领务川、邛水、安夷 3 县。田氏政权重心开始从黔中的彭水移到黔东北。

靖康之变后（1126~1127），北宋政权灭亡，中原大片国土沦陷，金人烧杀淫掠，百般蹂躏。中原各路兵马纷纷“勤王”抗金。田佑恭常抱“靖康耻，臣子恨”。南宋建炎四年（1130 年）秋七月，四川守将张上行守夔门。有“臣贼”王辟、郭宁忠破归州（今秭归），企图从三峡攻进四川，其势凶猛，已夺下油口，眼看瞿塘将破，川东难保。张上行求田佑恭支援。田佑恭率兵顺乌江而下，进三峡，抵夔州，不料敌兵甚众，田佑恭便命儿子田汝端率部分兵丁登陆，择要塞外与敌周旋，而他则乘敌不备，亲带主力，藏于四舢舻之中，借三峡水涨，顺江而下，到达石门，众兵忽从舢舻里冲出来，与敌厮杀。敌见田兵来势勇猛，锐不可当，不战而溃。田佑恭乘胜追击，勇破归州，直抵房州（今湖北省房县）竹山，获得整个战役的胜利。当时，三峡以外，群贼如毛，号称数万。自田佑恭大破王辟、郭守忠后，夔路军声大振，群贼不敢冒昧窥蜀，川东至此得以安宁。朝廷授田佑恭夔州路兵钤辖，迁中亮大夫。

南宋绍兴三年（1133 年），金将撒离曷侵犯陕西梁洋（今南郑县东），川陕宣抚处使张浚邀集吴珍、王彦、刘子羽等各路将帅合力抗御。田佑恭被派作先锋，他一马当先，杀得金人丢盔弃甲，望风披靡，被斩首者数以千计，取得了川陕保卫战的全面胜利。

田佑恭为大宋朝廷南征北战，屡建奇功，被朝廷加封贵州防御使，赠封为少师思国公。至此，黔东及黔东北才得到有效治理。为推动教育发展，他在沿河办了儒学堂——鸾塘书院和竹溪书院。这是贵州最早的公办学校。

再来谈谈田仁智吧。元朝末年，朱元璋平定陈友谅后，元思南宣慰使田仁智遣其都事杨琛前往湖南长沙拜见朱元璋，“并纳元所授告身”，受到朱元璋的表扬，曰：“仁智僻处遐荒，世长溪洞，乃能识天命率先来归，可嘉也！”仍“置思南宣慰使”，“授琛思南等处宣抚使兼新军万户”。可见思南宣慰使田仁智的政治嗅觉和大局意识，朱元璋还没有彻底打下天下，田仁智就先拜了码头。此举使西南各大小土司受到了强烈震动。不久后，元思州宣抚使兼湖广行省左丞田仁厚归附，朱元璋照同样办法处理，并升了一级，改思州宣抚司为思南镇西宣慰司，任命田仁厚为宣慰使。接着，贵州境内的30多个大小土司纷纷归附，这样一来，稳定了贵州局势，为朱元璋统一全国争取了主动，也为大明王朝的建立做出了重大贡献。

鸾塘书院风光

当朱元璋的大明王朝建立后，田仁智以及其他田氏土司就走得更热更勤了。在一次田仁智入觐中，朱元璋推心置腹地对田仁智说："天下守土之臣，皆朝廷命吏，人民皆朝廷赤子，汝归善抚之，俾各安其生，则长保富贵矣。夫礼莫大于敬上，德莫盛于爱下，能敬且爱，人臣之道也。"田仁智对朱元璋的这番话，心领神会。所谓"敬上"就是要求地方长官必须效忠朝廷，与中央政府保持一致；"爱下"则指对老百姓收取要适当，以人民承受的能力为限。所以，在以后的执政过程中，田仁智、田仁厚特别注重"能敬且爱"。

元思南宣慰使田仁智归附，朱元璋仍置思南宣慰司，田仁智仍为宣慰使；朱元璋改思州宣抚司为思南镇西等处宣慰使司，以田仁厚为宣慰使，下辖务川县、镇远府及十四州、五十二长官司。其地域"以今之地域观之，大致东起湖南永顺、保靖，西迄贵州务川、凤冈、施秉一线，北达四川酉阳，南至黔南荔波、从江，几乎占有贵州的三分之二兼及湘西之一部，地域辽阔，远远超出唐宋时代的思州"。元思州田氏地方政权是元代管辖范围最宽、级别最高的大土司，明初，思南、思州宣慰司的地盘，就相当于今天的岑巩、思南、玉屏、石阡、凤冈、黎平、锦屏、从江、榕江、务川、德江、沿河、印江、施秉、三穗、镇远、江口、碧江、万山、松桃等县（自治县、区）和重庆酉阳部分地方。这些地方与四川、湖广相邻，地处要冲，自元代以来，为湖广通往云南的驿道干线所

田仁智

田仁智，元朝镇远同知田茂安之二儿子。元末田茂安以其所割镇远、思南地方献明玉珍，明玉珍授田茂安为思南道宣慰使，设都元帅府，授田茂安的儿子田仁政为龙泉坪宣慰使，田仁智为镇远军民同知，其弟田仁美为统兵元帅。至正二十七年（1367年）田仁智袭思南道宣慰使职。朱元璋平定陈友谅后，田仁智遣都事杨琛为使归顺朱元璋，朱仍授其为思南道宣慰使，司治龙泉坪，后迁镇远，再迁水德江（思南）。明太祖洪武七年（1374年），田仁智入朝进贡，授忠顺大夫。九年（1376年）十二月，朝贡归至彭泽时染病身故。

思南宣慰使住宅遗址

经，有水路通往四川、湖广，又是川盐入黔的通道之一，外来人口以四川、陕西、湖广、江西为多，经济较为发达，具有重要的政治、军事战略价值。

至此，思南、思州田氏宣慰司成为贵州四大土司中的两大土司，思南、思州（今岑巩）分别成为黔东北和黔东南两个地区的政治经济文化中心。1413年“改土归流”，两宣慰司被废，以其广阔的辖地建立了思南、思州、铜仁、石阡、乌罗、镇远、新化、黎平八府，加上四州十五卫建立了贵州行省。

为贵州开科增额的土家人

500多年前的大明朝廷里，端坐在金銮宝殿的嘉靖皇帝，接到一份沉甸甸的《请开贤科以宏文教疏》的奏章，这道奏章让嘉靖皇帝一下子把目光投向了遥远的贵州。

发出强烈呐喊的人，是时任礼部左给事的田秋，一个乌江土家族学子。他7岁能文，13岁考取秀才，17岁做了举人，21岁登进士。初授福建省延平府推官，后授直隶河间府推官。明嘉靖九年（1530年）升朝廷礼部左给事中，再升福建布政司右参政，四川按察使，嘉靖十九年（1540年）升任广东布政使。田秋居官20年，谨记父训“居家应谨身节用，入官当忠君爱民”，清正廉明，平生耻攀权贵，虽官居高位，而不享特权，于广东致仕、仓促求归，两袖清风，不持一物。

田秋在官不谋私利，一心为朝廷谋事，为国分忧，为民谋福，也为家乡贵州做了许多好事，尤以疏通乌江航运、请准贵州开科乡试两事，影响深远，至今贵州人民还深受其益。田秋在外为官，经常往返于乌江，知其航道无人整治，滩险流急难以直航，而贵州人民食盐又依赖于四川，川盐入黔大都依靠乌江航运，由于航运艰难，运费成本高，黔人难以承受，造成官、民、商三方不利。于是田秋利用在川为官之机，多方促成川黔巡抚合作整治乌江航道，并呼吁商贾资助。由此乌江航

田秋手迹

道很快得以治理，川盐入黔畅通，运量增大，运价减少，盐价相对降低，使官府获千百之税，民获廉价之盐，商获千百之利。

从永乐到嘉靖十三年（1534 年）的一百多年间，贵州生员的科考一直附于四川、湖南、湖北、广西、云南等省。贵州各地到湖北武昌、云南昆明，少则两千余里，多则三四千里。山川险阻，交通不便。贵州士子为了参加科考，长途跋涉，远赴他乡，不堪其苦。赴试之时，又正值夏季，“溽暑瘴疠正甚，往者隐忧，居者积虑，构病遭劫，亡财伤身”。尽管每次开科，贵州都有不少士子跋山涉水远赴考场，但录取人数都很少。明宣德七年（1432 年）壬子科之前，每科乡试，贵州仅仅录取一人，而云南每科录取，多则五十几人，少则十几人，云贵同属西南边地省份，解额却如此悬殊。贵州士子的科场不利不仅制约了贵州的教育发展和人才培养，而且阻碍了贵州与中原地区政治经济一体化的发展进程，极不利于明王朝在贵州的统治。因此，自弘治年间起，贵州地方官吏及一些有识之士，从维护统治的目的出发，多次奏请朝廷，要求自设科场举办乡试，但均未获准。直到嘉靖九年（1530 年），田秋为了扶持家乡文教事业的发展，伏阙上疏，坚请贵州举办乡试，并要求增加名额。田秋在疏文略谓：“贵州一省，远在西南，未设乡试，须附云南科举，盖因永乐设省，制度草创，且以远方之民，文教未尽及也。今涵濡圣治，百五十余年，远方人士正如在山之木得雨露之润，日有生长，固非昔日之比。开科盛举，正有待于今日。贵州至云南，相距两千余里；思南、永宁等府卫至云南有三四千里。而盛夏难行，山路险峻，瘴毒浸淫，生儒赴试，其苦最极。其间有贫寒而无以为资者；有幼弱而不能徒行者；有不耐辛苦而返于中道者；有中冒瘴毒而疾于途次者。此皆臣亲见其苦，亲历其劳，今幸叨列侍从，乃得为陛下陈之。边方下邑之士望天门于万里，扼腕叹息欲言而不能言者亦多矣。臣尝闻国初两广亦共一科场，其后各设乡试，渐增解额，至今人才之盛埒于中州。臣以为人性之善，得于天者，本无远近之殊，特变通鼓舞之机，由于人者有先后耳。黔省设科之后，人益向学，他日又安知不如两广之盛大乎？开科之后，请于旧额之上，量增数名，以风励远人，使知激劝，则远方幸甚。”

田秋文章言辞恳切，拳拳之心溢于言表，在贵州地方官的配合下，嘉靖十四年（1535 年），朝廷正式批准贵州开科。嘉靖十六年（1537 年），贵州首次乡试在贵阳隆重举行，贵州迎来了文化教育的千载难逢的发展机遇。田秋特地捐资购地，将所收租谷用作考生的试卷费，表示对家乡开设乡试的支持和庆贺。

之后，田秋又向朝廷呈上《请建务川、安顺、印江学疏》奏折，自此以后，贵州参加乡闱的人数不断增长，到万历年间（1573 ~ 1619）发展到7000余人。应考人数的增多，极大地刺激了府州县卫司学和书院的发展。开设乡试后，仅明代贵州就新建府州县学16所，新建书院29所，有进士137人、举人1759人。这些都说明开设乡试的确给贵州文化教育的发展带来了新的契机。科举制度在贵州的进一步发展，不仅推动了贵州学校教育的发展，而且极大地提升了贵州的对外形象。俊杰之士联袂而起，他们或以吏治政绩，或以学术成就，或以文章书画卓立于世，体现了贵州士人昂扬向上的人文精神。

清末皇城贡院科举考场

为孙中山出谋划策的黔军总司令

20世纪初，风起云涌的资产阶级民主革命风暴，也吹进了沉静的贵州高原土家族地区，土家族知识青年受到同盟会等革命组织的影响，参加了反清的民主革命斗争，涌现了一批像席正铭一样有追求有理想的资产阶级民主革命战士。

席正铭（1885 ~ 1920），字丹书，号筱琳，土家族，贵州沿河县人。他是一位“上马作战，下马吟诗”、文武双全的爱国志士，一个富有血性和正义感的土家汉子。他1907年考入贵州陆军小学堂，学习刻苦，思想活跃，受资产阶级民主革命思想影响，组织成立“历史研究会”进行反清革命活动。斯时，席正铭吟成《西江月·丁未夏题贵州逆旅壁窗》：

庆祝中原豪杰，舞台捷足先登。
誓将热血洗乾坤，莫使而翁吟咏。
抱定三民主义，不磨爱国精神。
赫赫声威震寰瀛，方尽男儿本分。

当时席正铭已是一位抱定民主主义的资产阶级革命战士，诗中表达了他“誓将热血洗乾坤”的革命理想。

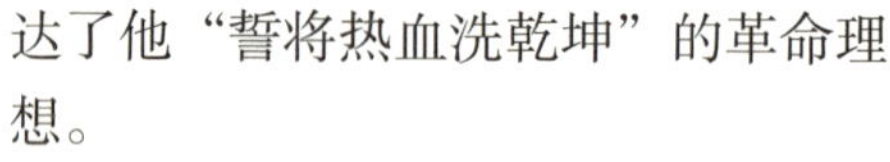

席正铭

1909年席正铭升读武昌陆军第三中学，他联络湘、鄂、滇、桂等地同学，成立“竞存社”和“皇汉公光复会”，有成员100多人。次年赴上海会晤宋教仁、于右任，将其成立的组织加入“同盟会”。回武昌后，他又与文学社、共进会联络，参与筹划武装起义事宜。1911年10月，武昌起义爆发时，席正铭把20多名骨干召集起来，枪尖挂上刺刀，准备随时应付突发事件。之后他又集合全校同学，组成600多人的学生军，并被推

武昌起义后成立的湖北军政府

为总队长。听到新军起义枪声打响时，他便带领学生军直奔各个战斗岗位。

湖北军政府成立后，席正铭任都督府参军，后任黄兴战时总司令部参谋。在保卫汉阳的战斗中，他兼任督战指挥官，在冲锋时负伤。后去南京，被推为贵州代表，与平刚一起参加首届临时国会，选举孙中山为中华民国临时大总统。南京临时政府成立后，席任职于陆军部。不久，他又赴湖南任援鄂黔军八十团团长。时值滇军入黔，席正铭被推为“荡寇司令”，率军返黔，在铜仁一带与滇军血战。滇军为抵御黔军准备放火焚烧城池，为不让城中居民遭受不幸，席正铭主动放弃进攻铜仁，撤到秀山一带。虽然革命一时受挫，然而，他对革命的追求坚贞不渝，他的诗《次韵王思芬知事留别甲寅夏避难秀山》，足以表达他当时的心情。全诗气势雄浑，痛斥袁世凯的窃国专制、倒行逆施，同时也表示了自己为争取自由不惜牺牲的革命精神，颇富有时代气息。

萧萧易水恨难平，拔剑当闻起舞声。
专制迄今仍似旧，壮志未遂枉谈兵。

伤心楚吏才鞭柳，授政奸雄倒执柯。
欲搏自由宁惜死，战争哪怕鼓鼙歌。

1913年，席正铭参加讨袁军，任参谋长，率部与张勋、冯国璋部激战于紫金山、雨花台一带，相持月余，失利后赴上海。1914年他追随孙中山东渡日本，先后担任中华革命党贵州支部长、贵州司令长官部参谋长、中将参军等职。1915 年被推举为中国留日陆军同学会总会长。后奉孙中山之命返回京、津等地，开展讨袁护国的兵运活动。在他尽心尽力的工作下，相关各地的陆军同学分会很快便联络起来准备举兵讨袁。

1917 年初，段祺瑞独揽大权，席正铭于 6 月奉孙中山之命返沪共谋护法。9 月 1 日，孙中山在广州成立护法军政府，组织护法军讨伐段祺瑞。俄国十月革命胜利后，席正铭欢欣鼓舞，很受启发，1919 年 4 月 7 日他致函孙中山，提出“以俄为师”的建议，孙中山于 4 月 8 日复函：“来书感喟于时局，谓俄国可为导师，深表同情。”1919 年 10 月，孙中山改组中国国民党，加强党的领导，以积极行动护法。在席正铭的努力下，京、津、保、川、黔、桂、滇、赣及香港、南洋等地的陆军同学分会成员很快联络起来，转战沪宁各地讨伐段祺瑞，致力于护法运动。当时这些地方时局不稳，军情错综复杂，席正铭奔走其间，付出了许多心血，不久就被孙中山任命为中将参军。1919 年 11 月，授任席正铭“黔军总司令”。

席正铭于 1919 年 11 月赴重庆，拟召集旧部，组建军队回黔。不料于次年 2 月，被叛徒以宴请之名，诱杀于重庆，年仅 36 岁。噩耗传出，孙中山震怒，即于上海环龙路国民党总部特悬亲题“烈士席正铭”遗像以悼念。黄兴题词：“男儿的一代英雄！”他的遗体安葬于重庆黄桷垭，墓碑碑文由四川都督熊克武题写。

孙中山题写的席正铭烈士碑文

题写“颐和园”的大书法家

严寅亮（1854 ~ 1933），字碧岑，号弼丞，土家族，印江阳坡人，清光绪十五年（1889 年）恩科举人，授四川候补知县，成都官书局校勘。辛亥革命后，他回黔执教于贵阳师范，旋任龙里知县，应聘历届省政府顾问。

严寅亮

严寅亮自幼聪敏好学，十岁即能作擘窠书，十四岁为其祖父书寿匾“竹苍松茂”四字，十九岁入思南府庠，后从师吴秋庄学经史诗文，并临摹晋唐以来诸书法名家法帖，日见长进，自成一体。

清光绪十七年（1891 年）北京颐和园落成，慈禧太后征求各地名家书写颐和园各处匾额。当时京中名流，争相献书，慈禧过目，悉不称意。主事者十分惶恐，朝野上下议论纷纷。这时严寅亮正在国子监习业。恰逢庆亲王寿诞，平素与严寅亮交往甚深的翰林院编修高熙哲，托严寅亮书写了一副寿联前去祝寿。庆亲王对严书大为赞赏，便对高熙哲谈及颐和园园名书题及部分榜联至今尚未定稿，请严寅亮试书进献。

严寅亮知道这信息后，甚感惶惑。他认为，朝中负有盛名的书法家，所书皆不中圣意，自己一个来自穷乡僻壤的落第举子哪能获选？但他继而又想，为何不利用此机会试试身手？他仔细研究了那些书稿失败的原因：多是由于御前献书，书写者大都心情紧张，落笔拘谨有余，气势不

书法之乡

印江书法，历史源远流长，自明代以来，涌现了周冕、肖重望、田景新、王道行、潘登云、严寅亮、鄢师竹、唐钟英、魏祖镛、任梅村、李伯蛟、吴曼清、张伯谦、周西铭等书法大家；现当代也涌现了徐儒质、魏经略、戴传忠、王孔滋、白遂之、王峙苍、魏宇平、李敦礼、黄廷升、覃义元、杨昌刚、王新华、汪定强等书法强手。这些书法家群体，不仅弘扬了传统书法，还形成了自己的书艺风格，深得书法名家的赞誉，2011 年印江土家族苗族自治县被中国书法家协会授予“中国书法之乡”的称号。

足，偶有一字败笔，即通篇作废。严寅亮无官无职，没有御前献书的资格，倒获得了极大的创作自由，他从容书写了颐和园门额及楹联23副，大小匾额18方，以楷、行草各体书之。

慈禧审阅后十分满意，全部采用，并于便殿召见，勉慰有加，赐御印“宸赏”一枚。从此，严寅亮名满京城，得其书者，无不视若拱璧；至于名山寺观，胜地楼台，有其题字，则更生色增辉。

严寅亮一生，留下了不少精湛的书法作品，除有石印《剩庵墨试》字帖外，还在成都杜甫草堂、望江楼公园，广州中山公园、岁草堂，贵阳黔灵山麒麟洞，修文阳明洞，黄平飞龙洞，织金赈济亭等名胜留有榜题或石刻。他在思南、印江、沿河等地许多友人家中所存墨迹较多，原梵净山护国寺大雄宝殿“黔山第一”木匾一块，“丰瑞桥碑序”楷书残碑一块，条屏、楹联十余副，现均存于印江民族陈列馆。严寅亮楷书雄浑清健，遒劲丰润，行草纵横奔放而不失凝重。四川名士陈矩称他的书法“娟秀中饶有风骨，殆集唐宋诸家之长……铁画银钩，辉映霄汉，莫不艳羡”。

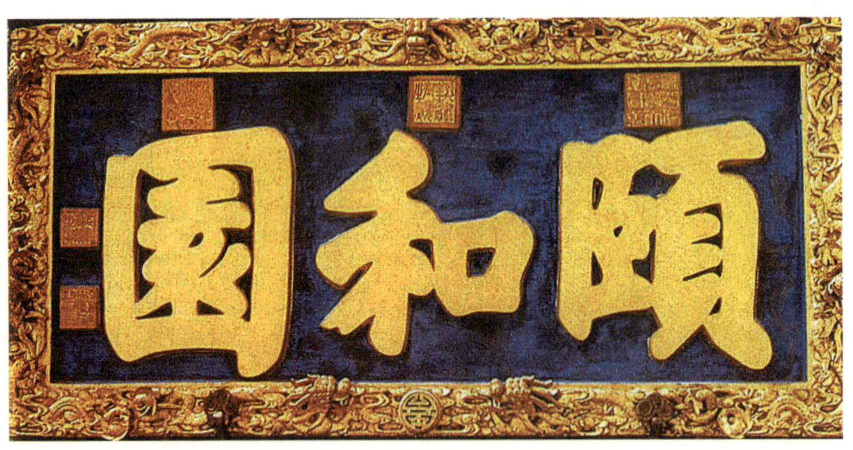

严寅亮题写的匾额

TAOYUAN
桃源
HUJU
虎踞

魂牵梦绕的乌江画廊

当今天的游船开进沿河土家族自治县境内的乌江山峡时，你会看到乌江两岸奇峰、险滩、峡谷、丛林、洞穴、悬崖比比皆是，集雄、奇、峻、险、秀于一体，鬼斧神工，形神俱佳，尤其是夹石峡、黎芝峡、银童峡、土坨峡、王坨峡等峡谷形成的百里山水自然景观，犹如浓墨重彩的画卷徐徐展开，你会突然产生“船在江上行，人在画中游”之意境，这就是“乌江山峡百里画廊”。

唐代大诗人孟郊畅游了风光旖旎的乌江百里画廊后赞美说：“旧说天下山，半在黔中青；又闻天下泉，半在黔中鸣；山水千万绕，中有君子行。”清代诗人翁若梅曾多次畅游乌江，他对乌江百里画廊更是赞不绝口，说：“蜀中山水奇，应推此第一。”

游船自上而下，首先展现在我们眼前的是夹石峡。夹石峡长 43 公里，两岸群山耸立，多为绝壁，

蓝天一线。峡首东岸石壁，有一棵树龄约五百年的古树，树根沿壁向下延伸，至半壁处穿破巨石缝隙，内外几条树根将四吨重巨石裹挟，上下皆空，左右虚悬，视之若坠，谓之夹石，堪为奇观。峡内水急滩多，有七里、扶搭子、三堆子、老窍子、三棵桩、鸭滩子、野猪子、七夹子、丛滩、雷洞子等险滩，江水激荡，风呼涛吼，声震山谷。峡中还有“木鱼洞”“燕子岩”“马尾瀑”“游龙瀑”等景点奇观。清代有诗人这样赞道：

嶙嶙怪石满江盘，怒浪如花滚雪团。

百尺游龙把匹练，一群飞鸟过危滩。

峡尾为淇滩古镇，这里曾是通往德江、思南、秀山等县的咽喉要道，为兵家必争之地，又是商贾云集之地。小镇依山傍水，多是明清建筑“四合天井”和青石板街，是明清码头文化之代表。阳光照进淇滩古镇小巷，屋檐间只有一线天空，老街如外婆的笑脸，宁静而慈祥。

接着，黎芝峡像一幅油画一样在我们面前渐渐展开。黎芝峡长 13.3 公里，是乌江山峡最

乌江

贵州省第一大河，长江上游右岸支流，又称黔江、延江、巴涪水。发源于省境威宁县香炉山花鱼洞，流经黔北及川东南，在重庆市涪陵区注入长江，干流全长 1050 公里，流域面积 8.792 万平方公里。六冲河汇口以上为上游，汇口至思南为中游，思南以下为下游。乌江水系呈羽状分布，流域地势西南高、东北低，流域内喀斯特地貌发育，地形以高原、山地、中山及低山丘陵为主。

乌江画廊

为美丽的一段，据明嘉靖《思南府志》载：“滩右有黎芝光焉，故名。”黎芝光指晴天右岸飞瀑高挂，从峡顶透过树枝漏下来的束束阳光在水雾中折射出的五彩光环。峡中滩多浪急，岩峰突出，怪石嶙峋，似禽兽百物，神态多趣，栩栩如生，形成无数奇特景观。其间有三星洞、剑劈岩、古纤道、牛肝、马肺、天鱼池、人字瀑、佛指山、上天石、仙女望夫、阴阳泉、天门石、香炉石、灵牌石、草帽石、一匣书、飞龙过江等景点。

三星洞由大、小穿洞和珍珠洞组成，皆面临乌江，背倚绝壁，每个洞内钟乳石千姿百态，奇异绝妙，各具特色，堪称洞之明星，故名三星洞。两岸相对是像刀削一样光滑的绝壁。相传远古时，乌江流到此处受阻，大禹用宝剑把山岩劈开，那劈山的剑至今还丢在江岸，那里如今就叫剑劈岩。劈开的山，犹如两幅自然水墨画，状似天门欲开，一石破裂欲崩，被“蜘蛛精”用丝粘住才未坠落。上有草帽石，顶灰沿黄，形如草帽，传说那是张三丰当年在乌江钓鱼时遗忘留下的。如来佛到此还伸出手指批评说张三丰丢三落四的。不信，你看绝壁顶伸出的五根巨石，有长有短，极似如来佛手掌上的五根手指。当然，叫人可怜的是望夫石，其形犹如一土家族少妇站在山崖凝视江面期盼出远门的丈夫回归，传说那少妇的丈夫被秦始皇拉去修万里长城，很久未回。那少妇望眼欲穿，等呀，等呀，苦苦等了两千多年，总不见丈夫回来，于是，化为石像伫立江岸。江岸倒有一墩上天石，险峻的山峰托起一石礅，好

淇滩古镇

像人工修饰过的四方巨石，直插云霄，可通天，但那是大禹治理乌江时上天的路，土家族少妇哪有那个福去享受？于是，她的眼泪化作人字瀑，从半山岩壁夹缝中喷射出一股清澈如玉的泉水，形成一个巨大的“人”字形瀑布，旱年不干；涨水时节，瀑布从岩壁石穴里喷射而出，涌水飞流，白雾直达乌江对岸，景色壮观。人们称之为“白龙过江”。有诗云：

古树丛中猿声啼，天高云低鹰旋盘。
船劈巨流越礁石，人乘痴风过险滩。

不知不觉，游船进入了银童峡。峡内有银童子和张公子两座险滩。初入峡，水流湍急，船行如箭，左岸一山突兀而出横截江面，及至山前，水流急转，左岸豁然开朗；而右岸高山又横截于前，疑江流已尽，后顾则不知船从何来。真是山重水复，柳暗花明，令人惊奇，前人为此还留下“渡从流水梯云上，翠浪连翻卷入迷”的诗句。峡中银童滩窄而长，惊涛拍岸，声若雷霆；张公子滩水面较阔，江流曲折，呈弓形，峰回路转，变化奇妙，景色异常，有如银童与张公子玩捉迷藏。前人诗云：“洪流难禁水云忙，又转轻舟过峡乡。关塞重登毛渡口，银童应笑张公狂。”峡中还有“睡美人”、一挑石、唐代务州故城遗址等景点。“睡美人”由几座秀美的山峰组合而成，犹如一美女酣睡于绿毯上，久久不愿离去。一挑石，为两尊并排立于江岸的巨石，石高约5米，

乌江航运

似一挑担子，俗称一挑石。传说鲁班挑石来乌江，正要架桥时，岸上山寨里传来鸡叫声，惊扰了鲁班，他丢下石头就跑了，至今还留下这一挑石在江边。唐代务州故城遗址，沿张公子滩西岸一山洞进入，为唐代务州治所。城分东西两门，现遗址犹存。其间有“大鲤鱼池”“小鲤鱼池”，江流平缓，波光粼粼，一派静谧恬淡的气氛。池上鸳鸯戏水，野鸭成群；池中鱼虾颇多，若有闲垂钓，乐趣无穷。

乌江画廊

我们的船还没有进入土坨峡，峡里就传出飞禽清脆悦耳的鸣叫。来到峡里，就有一种风景这边独好的感觉。此峡以山高、水深、谷幽、景奇见长。在奇峰峻岭间，有成片的竹、参天的古树，是群兽竞美、百鸟争鸣的乐园。猕猴常结队成群，或攀藤附葛，或临江戏水，或声声长啼，或嬉戏船中乘客。群山之中，有一奇峰名金山，离江数十步，山麓处有一海螺石，传说是白娘子在水漫金山寺时，一猴从法海手中夺得而置于此地。吹之其声深沉浑厚，震荡山谷。其间的龚滩，是乌江三大险滩之一，长约3公里。江岸峭壁，如刀斩斧劈，两岸有无数青峰直插云天，仰望，“迢遥翠影接云天”；俯视，“眼底洪流一线低”；平视，“山清水秀若画屏”。险滩江峡，美绝壮哉。江边有一株巨大的黄桷树，树枝繁茂，遮阴数丈，传说是诸葛亮征战路过此地作拴马用的。龚滩对面便是蛮王洞。出土坨峡便是古镇洪渡。

当游船进入王坨峡时，那又是另一番风景，江面时宽时窄，水流时急时缓，两岸林木葱郁，山环若屏，绚丽多姿。西岸，洪渡温泉自岩间涌出，清澈如玉，曲折流入江中。在其经过的地方，白雾袅袅升起，随风飘动。数里处可见白雾腾腾，茫茫一片，极为壮观。洪渡古镇位于乌江土坨峡尾和王坨峡首，为两峡之结合部，其历史可追溯至

洪渡

西汉时期，现存汉砖瓦窑群、西汉古墓群等，汉砖瓦随处可见。现已出土青铜器、兵器、宋瓷等大量文物。唐武德二年（619年）设洪杜县，因背后洪杜山而得名，北宋嘉祐八年（1063年）废，建县达444年。清代改名为洪渡。洪渡古镇为古代入黔之第一重镇，其经济、战略地位尤为特殊。现已被彭水电站水库淹没。如今的洪渡镇为易地新建，好在浓郁的土家民族风情，远近闻名的山歌、“打溜子”、以“八仙”为音名记谱的艺术还保存了下来。

飞船直下，我们已进入被称为“一洞、两江、七峡”的江峡，峡里弹子山和牛皮青两山隔江相望，悬崖对峙，峡宽处200～300米，窄处80余米，仰望高空，蓝天一线。弹子山的寺院高出江面1400米，时逢春季，山下桃花盛开，山巅白雪覆盖，远眺北岸老君洞，“李老君”俨然端坐炼丹。江边有状如山羊饮水的“羊儿石”，南有蛟龙吞水的“二龙口”，崖上有状如蜗牛螺蛳嵌，形如书本垒叠的“万卷书”，有的是水落呈现水涨消失，有的则是终年累月与山川同现，轮船航行于江中，汽笛长鸣，四山回应，气势磅礴。

石林神韵

贵州给人的第一印象，就是巍峨的群山，莽莽苍苍。明朝正德年间，王阳明谪贬贵州，当他一步一步走进这山的世界时，使他心灵为之震动的，首先是那些气势磅礴的大山。他在《重修月潭寺公馆记》中写道："天下之山，萃于云贵；连亘万里，际天无极。"在这个文化巨人的笔下，仿佛天下的山峦，都在乌江汇聚，千山万壑，犹如沧海。

举目望去，翠峰如簇，山石怪异。有的像雄狮，有的像猛虎，有的又像龟、蛇、凤凰，奇形怪状，无所不有。这种奇特的景观是怎样形成的呢？地质学上把这种地貌称为"喀斯特"。喀斯特一词源于南斯拉夫的喀斯特（KARST）高原，原意是岩石裸露的地方。论分布面积，中国南部拥有世界上面积最大的喀斯特地貌，四川、重庆、湖北、湖南、贵州、广西和云南的一部分都有这种地貌分布，而它的核心部位就在武陵山区。

要看喀斯特景观，最理想的地方就在武陵山区，这里是世界上喀斯特地貌发育最充分的地方。武陵山区有地上和地下两条奇异的风景线。我们先来看地面上，有石牙、溶沟、峰林、峰丛、盲谷、槽谷、溶丘、天生桥、穿洞、漏斗、落水洞、竖井、天坑、洼地、溶盆，还有瀑布、跌水、悬挂泉、多潮泉、喀斯特湖、喀斯特潭等。而石林是武陵山喀斯特王国桂冠上的明珠。在梵净山麓和千里乌江沿岸的崇山峻岭间，有许多自然雕刻的石林，形成了梦幻般的景象，像岁月精心雕琢的大型盆景，加上多姿多彩的民俗风情和神话传说，让这里宛如鬼斧神工般的天然园林。我们不妨走进这天人合一的世外桃源，探秘那石林深处的仙踪神影。

石林神韵

首先，我们来到了乌江下游的泉口石林，它位于乌江左岸的德江县境内的土家族地区，这里土家风情浓郁而质朴，尤其以被称为“戏剧活化石”的傩戏闻名遐迩。

泉口石林东与风景壮观的五指山相连，西面与万亩草原风光相依，北面是一望无际的森林带。整个石林由数千个石峰组成，每个石峰姿态各异，各具特色，妙趣横生。从不同角度观看又千变万化，让人恍如置身于一个魔幻世界。远观石林仿佛数万名古代铁甲战士列队布阵，近赏石林有的如城墙宝塔，有的像人物雕塑，有的似飞禽走兽，有的似花草树木……真是无所不有，无奇不有。如此规模宏大、景观壮阔的天然奇观，令人叹为观止。泉口石林具有古、奇、秀、美、全的特色。古：泉口石林形成于奥陶系，是贵州古老地层的重要体现；奇：石林造型非常丰富，景象万千，形态各异，像经过人工雕琢打磨过一般，栩栩如生，观赏价值极高；秀：石林小巧玲珑，秀丽如画；美：石林表面有很多斑纹，像鱼鳞、龙鳞，也像土家族服饰的花边，其景观形态，美不胜收，妙不可言；全：德江石林分布地域很广，面积达 10.7 平方公里，上有万亩草场，下有宽阔的溶洞，附近还有马耳河峡谷风光、庸州遗址、田氏庄园、石马等景观组合成一道靓丽的风景，又像姿态各异、变化万千的盆景。

泉口石林

传说此石马曾是石怪，每天一到子时即一溜烟似的不见踪影，跑到四周践踏庄稼，在鸡叫之前又恢复了原样。后来这石马被老阴阳先生作法敲断一只马脚，从此石马就再也不能动弹了。石马体态逼真，身形雄伟，突兀耸立，凡过往行人无不驻足欣赏，一些墨客骚人亦纷纷题诗赞誉。早在清朝光绪年间，石马便被列入“安化八景”和“思南府十景”，石马之下曾建有一座雄伟壮观的石马泉口寺。石马以北不远处便是隋代庸州遗址。

思南石林

思南石林主要分布在贵州省思南县长坝景区和荆竹园景区，石林出露面积分别为4.9平方公里、2.3平方公里。两片石林隔江相望，地表水沿可溶性碳酸盐岩的裂隙进行溶蚀和侵蚀，形成丛林状蚀余残留体，石林间有很深的石沟。

从泉口石林坐车到思南长坝，车程约3小时就可以到达思南石林，那又是另一番景象，出露面积4.92平方公里的思南石林类型齐全，是其他石林都无法比拟的，千姿百态，堪称一座喀斯特地质生态博物馆，美轮美奂的天然园林。

思南石林属于典型的溶洼边坡型石林，是地球同纬度地区发育类型最齐全、保存最完整、出露面积最大的连片喀斯特石林，其景观类型众多，不仅有针状、剑状、塔状、柱状，还有城堡状，包含了石林从幼年到老年的各种地质形态，演示着乌江流域4亿年的沧桑变迁。走进石林，处处皆景。高高耸立的五大莲台与众不同，非塔非柱，而是外实中空，状如五朵盛开的

思南石林

硕大莲花并排而立，其中最大的一朵“莲花”内，可以容数人休憩。传说曾有人看见祥云缭绕之中，观世音菩萨就坐在莲台之上；“四大金刚”，则是四座石塔，金刚之身巍峨挺拔；“三仙迎客”，像是三位翘首迎客的仙翁遗世独立，不知来自何方，又等待了多少岁月。

思南石林是国家地质公园，是一片充满生机与活力的生态石林。在这里，溶蚀原野和洼地、森林、田畴、民居共成一体，森林与石林和谐相处，相映成趣，林中有石，石中有林，松竹满山，春来绿意盎然，桃花烂漫，景色秀丽，秋后庄稼成熟，枫林尽染，如霞似锦。而灌木藤蔓密布其间，金银花、八月瓜等山花野果清香扑鼻。于是鸟儿筑巢，蜜蜂扎寨，嘤嘤其鸣，远处鸟语及男女山歌相互应和，不亦乐乎。田畴沃野之上，竹篱木舍，吊脚楼阁，鸡鸣犬吠，几十户土家人家点缀其间。其情如诗，其境胜画，浑然天成，浓淡相宜。石林与这里的生灵——人、飞禽走兽、森林植被，共生共荣，和谐相处，犹如世外桃源、人间仙境。

武陵极顶梵净山

在黔东北边陲，在横亘巴蜀湘黔、绵延数百公里的武陵山脉，有一座充满神秘色彩而又雄奇伟岸的山峰，这就是举世闻名的武陵极顶梵净山。

武陵极顶梵净山，这个中国第五大佛教圣地，以其雄浑、奇峻、瑰丽的自然景色惊艳于世。金刀峡、红云金顶、蘑菇岩、万宝岩、玉皇顶、万卷书耸立于极顶之上，是这片土地万众仰头的地标性景观。

几百年来，梵净山的名字，一直在湘鄂川黔桂等省久久流传。虽然朝代有更替，人世有变迁，但梵净山的魅力历久不衰。

梵净山海拔 2572 米，不仅是贵州的第一山，更是武陵山脉的主峰，是屹立于云贵高原向湘西丘陵过渡的大斜坡上的巨人。其古老的山体距今已有 10 亿 ~ 14 亿年的历史，是黄河以南最古老的台地。再加上山体庞大，峰峦巍峨雄奇，主峰高耸入云，故明朝万历四十六年（1618 年）奉皇帝诏令而建的古碑上称之为“众名岳之宗”。大自然造物的神奇力量，使梵净山富集了令人陶醉的自然风光。

山，或雄奇险峻，或秀美多姿。引人入胜的新金顶，在海拔 2200

余米的崇山峻岭上，是突兀而起的一尊石柱，高约100米，如巨笋出土，似玉龙啸天，红云环绕，直指苍穹。大自然的神工鬼斧，又将山顶一劈为二，分立双峰。登攀者循石级而上，如蹈空而行。绝险处皆附铁索，始有依凭。连攀三台，方达金刀峡处。峡壁上有定心一池，水容一勺，仅供登山者依次一饮，旋饮旋生，莫测所出。双顶上，左右有天桥飞架，顶建两殿，左敬释迦，右谒弥勒。二殿孤峙绝顶，风声凛冽，皆冶铁以为瓦。殿后各有天生石屏倚障，名说法台。

双殿前后，幽谷深壑，身立万仞，空阔无际。还有那独立撑云的蘑菇石、依山望母的太子石、状若册籍的“万卷书”（山岩）等，形神兼备，令人叹绝！传说唐僧师徒西天取经路过此地时由

梵净山

梵净山原名“三山谷”，位于贵州省铜仁市，得名“梵天净土”，国务院于1986年将其确定为国家级自然保护区。梵净山乃“武陵正源，名山之宗”，曾荣膺2008年度和2009年度“中国十大避暑名山”，是全国著名的弥勒菩萨道场，是与山西五台山、四川峨眉山、安徽九华山、浙江普陀山齐名的中国第五大佛教名山，在佛教史上具有重要的地位。

梵净山蘑菇石

金顶

于山高，马脚被绊了一下，即从马背上掉下了几叠经书，于是就形成了梵净山上的峰群，也就是现在映入大家眼帘的“万卷书”。其实“万卷书”是一座巨大的山峰，由层层叠叠的页岩堆积而成，形如万卷书籍。在“万卷书”中，著名的“蘑菇石”高耸云端。它高约 10 米，上大下小，既像是两方巨石重叠，又像是一方巨石连体生长，形似一本本经书堆叠而成，据说这就是当年大闹天宫的齐天大圣孙悟空亲手所造，不管风吹雷打，日晒雨淋，历经亿万年依然屹立于山顶，丝毫不变。至于梵净山顶部一带常常出现的“佛光”，更是令人魂牵梦绕；献果山、凤凰山，道道云霞飞彩流丹；拜佛台岩顶平旷仰对金顶……四时鲜花不谢，艳丽如仙山蓬莱三岛；八节景致常新，璀璨似天宫阆苑瑶池。此刻身立万仞之上，眼底缥缈无际，倍感地老天荒。

水，梵净山山清水秀，号称有“九十九溪”，这些溪流汇成黑湾河、马槽河等十一条主要河流，呈放射状奔腾而下，沿途多急流险滩、跌水瀑布。或涓涓细流，或叮咚垂滴，或白练悬空，或奔腾咆哮，皆异常澄洁。峰回水转，汇成了九十九条溪流，顺山势的东西走向，向东汇成了锦江、淞江，直奔沅江入洞庭湖；向西汇成印江河，直奔乌江入长江。

树，遍山皆树，满眼是绿，繁花争艳，鸟兽和鸣，一幅天然画卷。还有那云、雾、风，波谲云诡，也给梵净山增添了不少的神秘色彩。置身此山中，俨然画中行，恍若仙山游。

大自然造物的神奇力量，还使梵净山成为一个丰富多样生态王国。由于梵净山的山体庞大且垂直高差大，这里成了一个生物多样性的天然生物圈。梵净山不仅生长着满山遍岭的各种植物和栖息着各类动物，而且拥有黔金丝猴、大鲵（娃娃鱼）、白颈长尾雉、云豹等珍稀动物和全球仅存的“贵州紫薇”以及中国鸽子花树（珙桐）等珍稀植物。梵净山丰富多样的生物群体，是人类的一大财富，具有极高的科学研究价值和保护价值。国务院于1978年将梵净山确定为国家自然保护区，联合国教科文组织于1986年将梵净山确定为全球“人与生物圈”保护网的成员单位（中国只有五个成员单位）。梵净山是幸运的，因为在地球的同纬度上，只有它还保留有如此原始的生态环境。

古人云：“天下名山僧占多。”大自然造就了梵净山的奇异风光，而佛教徒则宣扬了梵净山的灵山秀水。在明万历以前，梵净山作为“古佛道场”，早已声名远播。在梵净山的滴水岩附近，有一块奉万历皇帝的诏令而专门竖立的石碑。碑文中写道：“此黔中之胜地有古佛道场，名曰梵净山者则又是天下众名岳之宗也。”明朝万历皇帝之所以要下诏重建梵净山金顶正殿（寺庙），是鉴于曾经兴盛一时的梵净山“古佛道场”因长年失修而日趋衰落破败，即碑文所

黔金丝猴

金顶下的寺庙

言："天哀名山之颓，而赐以钦命僧妙玄重建金顶正殿，足为万圣临銮。"碑文中把盛极之时的梵净山"古佛道场"比作"极乐天宫"，记载了梵净山佛寺自开辟以来，香火旺盛，前往朝拜的信徒如云流水涌的盛况。梵净山的声名早已传入了南京、北京，惊动了十三个行省的地方长官。

梵净山这个山名，具有浓厚的佛教色彩，它是从"梵天净土"点化而来。据史料记载，梵净山原先的正名是"三山谷"，后来不知何时变成了"梵净山"。这大概只有去问当年的佛教高僧们了。

梵净山是佛教圣地，"梵净"二字，即含佛家超凡脱俗之意。自明万历年间开始，建梵刹庙宇，成为与峨眉山、五台山、普陀山、九华山遥遥相对应的佛教名山。

据传明代万历年间李皇后到山上修行，修建庙宇，重塑佛像，建立四大脚庵，开凿五方道路，山上山下寺庙殿堂星罗棋布。敕赐镇山印，号称"古茶殿"，亦称"承恩殿"，位于梵净老山与金顶间的斜坡上，规模宏大。该殿分为上、下两个殿宇，上殿称上茶殿，下殿称下茶殿。

半山有石墙，石墙正中有拱门，门框上嵌一块石刻匾额，匾额上书“圣旨”二字，下书“敕赐承恩殿”五个大字。院墙和殿基均为块块板岩叠造而成。下茶殿的残垣断壁边，耸立着一块巨大石碑，碑高 1.72 米，宽 0.98 米，上刻“梵净山茶典碑文”，计 1400 余字，碑文是清代文人张鸿翔于光绪二十二年（1896 年）撰写，文中描写梵净山的开山由来与几番兴衰历史，生动地描绘了梵净山壮丽的景色及朝觐的空前盛况。

梵净山老金顶之下有明代万历四十六年（1618 年）北京户部郎中李芝彦撰写的《梵净山重建金顶序》碑文，碑高达 2.9 米，宽 1.5 米，共 1394 个字。碑文详尽描述梵净山的名胜风光，内容十分丰富，是梵净山重要的文物。

置身金顶，放眼望去，梵净山奇峰竞秀、峰峰称奇，各有特色、各具神韵，更神奇的还在于天造佛像，佛光、幻影、瀑布云、禅雾集于一山，形成绝佳风光。此景只应天上有，寻常人间何处寻？

流动的蓝色浪漫曲

锦江，温柔、秀丽，被文人墨客称为流动的蓝色浪漫曲。诗人廖经天赞曰：“山外青山楼外楼，新妆巧扮任风流。多情最是锦江水，依依一步一回头。”

明万历《铜仁府志》载：“大江源乌罗司西南之九龙山东，南流经省溪、提溪二司界，以东至铜岩，小江水入焉，有渡曰双江渡，绕城东南又东入湖南麻阳县界，经锦州故寨，谓之锦水。”锦江不愧为锦绣瑰美之江，从发源于古木森森、苔厚草丰的原始森林那一刻起，它便有了生命和灵气。它时而穿行于葱茏的武陵山麓，时而白练当空，高歌猛进，飞跃深崖；时而情意缠绵，低吟浅唱，盘绕在林间草地。它穿峡入涧，时而满江浪花灿烂，时而一江碧水映山。鹰击长空，鱼翔浅底，白浪掀鹭戏滩。

锦江

锦江古名大江，发源于梵净山西麓贵州省江口县德旺乡太子石，由江口县东北流向东南，至闵孝转东流，经铜仁市，至漾头乡施滩出省界，入湖南省，以下称辰水。主河道长144公里，属沅江支流辰水上源。主要支流有太平河、小江、川硐河等。流域面积4020平方公里，漾头牛角坪平均流量106立方米/秒，自然落差567米。锦江穿行于低山丘陵区，河谷束放相间，水流平缓，两岸多小盆地和台地。流域建有小龙塘、芦家洞、谢树河等小型电站数十座。铜仁市区上下分段通航10～15吨客货船。

锦江

如今的铜仁市和锦江

锦江以它充满灵性的生命之乳汁，养育着两岸各族人民，滋润着这块肥沃的土地。这水环山、环田野、环着葱葱茂密的森林，缠来绕去，千回百转，构成了一幅幅美不胜收的画卷。

著名作家沈从文在散文《湘西》中也深情地写道："铜仁船装油碱下行……船只最引人注意处是颜色黄明照眼，式样轻巧，如竞赛用船。船头船尾细狭而向上翘举，舱底平浅，材料脆薄，给人视觉上感到灵便与愉快，在形式上可谓秀雅绝伦。"

沈先生说，翻过辰水源头的门槛是一座叫做棉花的大山，这座大山消耗了他一天一夜的时间和年轻人那充沛的精力，然后跟随湘军马不停蹄去了川界的龙潭。由于行程仓促、身心疲累，彼时彼刻少年的他已无精力去顾及那许多的浪漫，但对沿途那别具一格的民居建筑仍留下一个深刻的印象——"沿河多油坊，祠堂，房子多用砖砌成立体方形或长方形，与峻拔不群的枫杉相衬，另是一种格局，有江浙风景的清秀，同时兼北方风景的厚重。"对辰河之源那些村镇的描写虽说惜墨如金，但那由衷的赞美、钦羡之情，无不洋溢于沈先生的字里行间。

其实何止沈先生一个，几千年前的楚国诗人屈原不也在辰河这片迷人的水域流亡吗？依照他那诗人的瑰丽想象与他那旅行家探险的情

铜仁市夜景

怀，他是一定要溯辰水直达其源的，然而，他那艰难的步履也因为不为人知的原因只是羁留在沅陵与溆浦之间，给我们留下了永远的《离骚》和《天问》后便隐去了行踪。

《十道四蕃志》也云："楚子灭巴，巴子兄弟五人流入黔中。汉有天下，名曰酉、辰、巫、武、沅五溪，各为一溪之长，号五溪蛮。"辰溪即辰水，辰水的上游就是锦江，又分为铜仁大、小两江，大江上游在江口县城又为两江，故江口县城又称双江镇。此三条支流均发源于武陵山主峰——梵净山。因此，五溪中的辰溪正是古代巴人进入今黔东的重要通道。也就是说，碧江、江口、松桃也居住有巴人的后裔——土家族。

正是巴人这种草蛇灰线的风声雨迹，终于叩响了辰水之源那扇关闭得太久的门扉。然而也就只是叩响而已，一座庞大的梵净山，仍然在层峦叠嶂的隐蔽下难露峥嵘。

史料记载，早在宋代人们就在锦江之滨筑铜仁城。从此，这里成了武陵深处的重要码头，物流辐射百万人群。明清以后的铜仁成为区域性的物流中心，每天有数百艘商船在这里停泊，锦江航运川流不息，运进的物品有盐巴、布匹、火柴、铁器等，运出的有桐油、花生、粮食、猪羊等，沈从文不仅在散文中多次提到这些，连他的小说也多次提到许多船都是从铜仁出发，穿过茫茫烟水和急流险滩，在锦江、辰河上来来往往。

巨大的物流铸造了铜仁城的辉煌，也铸造了铜仁城的人文景观。一江上下，风物荟萃，从古至今，沿江景观10余处，曾经美冠贵州、扬名荆楚。现在这块风水宝地得到了进一步的开发，增其旧制，辟以新苑，已列为省级风景名胜保护区的有3处，列为市级风景名胜保护区的有14处。满眼是天生丽质，千娇百媚；随处皆异俗异景，恍惚奇诡。难怪当代著名作家贾平凹在《说铜仁》一文中这样解读铜仁：“铜仁之所以黔中独美，美在有梵净山的蕴蓄，美在有锦江水的茂润，活该是桃源的深处。”究竟锦江水如何茂润？现在就让我们荡舟锦江，欣赏十里锦江风光吧。

其景观以三江汇流处与九龙洞为中心，构成了风光人文融于一炉的两个景点群。

三江合流之处，名为铜岩。据《铜仁府志》记载，元代有渔人在这里打鱼，捞起了三尊铜像，分别为儒、释、道三教之主的孔子、释迦牟尼和老子，当地人在江心孤岛上建寺供奉，此城从此以“铜人”名之，明朝改为“铜仁”。这个“仁”字，显然是仁义之仁，同时又暗指三尊铜人，含三教圆融通汇之义。

汇两江为一流，一衣带水绕三城。船在市内缓行，江水蔚蓝东去，两岸树绿花红，一街靓女帅男。岸上游人将竞渡百舸当成了看不厌的戏剧，船上的人又把那河街上的美景视为那美食来餐。一城皆风景，风景即一城，高山衬绿水，长桥托短街。你无法说清几分是江南水秀，几分是高原豪情。然后船到铜岩，满河尽跨桥，美名为十桥卧波；一街是古屋，遗迹乃中南之门。现代与古典并存，文化与风光共荣。古街里不闻市声，尘埃未染，一任游客在明清的茶楼酒肆、书局学馆里体验、欣赏、品评而流连忘返。在这里一生可历几世，一日便是春夏秋冬。如果还不尽兴，抬步便可上山。山名东山，近在咫尺；路为石径，千折百叠；树皆古木，华盖若云；屋如古刹，肃穆庄严。这里是中国唯一一家傩文化博物馆所在地，贵州土家族地区浩若烟海的巫傩文化在这里可以略见端倪。上刀梯、下油锅、溜火铧等这些巴人巫文化，与儒、释、道三教在这里相映成趣，不能不说这也是一个文化奇观。再配以傩舞傩戏、鬼怪脸壳、唱山歌、地方小吃、工艺编织……令人眼花缭乱，目不暇接。所有的一切其实都只属凤毛麟角、大海一滴，更广阔的天地似在船行的远方。

水星阁到了。水星阁是铜仁的东门水口。锦江从文笔、太乙二峰旁蜿蜒而下，一半岛横立江心，关锁铜仁全局。水星阁上古木参天，竹篁匝地，怪石峥嵘，花径百折。俯览锦江，环流如带，一江澄碧。是游客假日垂钓的最佳去处。

水星阁前水平如镜，因此得名小镜湖。春和景明之时，这里是与客泛舟的绝妙之处。清风徐来，水波不兴，鸥鸟上下翻飞，帆樯往来如织……月明之夜，小镜湖的鱼群便争长滩而上，嬉戏恋爱，交尾产卵。于是渔人就滩设梁，等鱼入瓮。天上空明无际，地下渔火梆声。这种其乐融融其情洽洽的景致被称为“渔梁夜月”。船过了水星阁，锦江就算流出了铜仁城，到了以九龙洞为中心的城郊风景群。在这里，数十个景点星罗棋布，占地 106 平方公里。

这一段江流曲折蜿蜒，群峰竞秀，积翠凝蓝。夹岸有村落无数，皆隐没在蓊郁树丛之中。急流处常见竹制水车，安置在河边水堰道间，引水灌溉膏腴田地。平潭中水面静寂无声，唯见各色水鸟掠水而飞，在苍茫云烟里若隐若现，带给人一丝淡淡的忧郁。

水星阁风光

撑起大山的吊脚楼

土家族的民居建筑异彩纷呈又独具创意，都昭示着强烈的生命意识，体现了土家先祖巴人与大自然的密切联系，也体现了外来文化对本土文化的影响，这些建筑是各民族在特定自然条件下的创造，是经验智慧、审美情趣和传统文化的结晶。

由远古巢居衍变而来的吊脚楼，经历了几千年的风风雨雨，曾作为一种普遍存在的民居形式，遍布古代乌江的山山水水，然而不经意间，那辉煌一时的吊脚楼居然所剩无几了。

如今似乎吊脚楼那长长短短的支脚，那参差横斜的椽梁，那伞把柱支撑起的正屋和横屋的两个屋面，那瘦骨嶙峋筋骨毕现的墙体，都成了一种精神的表征而存在。

所幸的是，乌江沿岸文家店、潮砥、望牌、思渠、鲤鱼溪和梵净山麓的永义、木黄、朗溪、黑湾河、云舍、太平河等处还为我们保留了如此完好的吊脚楼。它们像标本一样在河岔峡谷的峭壁上错错落落地撑开，静静地耸立着。时间，仿佛在这远离尘世喧嚣的地方出现了

土家族吊脚楼

楼韵

休止符，将巴人艰难而又极具匠心的创造定格在了这乌江、锦江岸边，也将巴人的社会生活和精神生活图景凝固在了这武陵深处。让我们今天能够一睹干栏建筑“活化石”的原始风采，领悟古代巴人原初的生存本能和顽强的生命意识。

游人进入乌江沿岸、梵净山麓土家山寨，初入眼，那些交错纷杂的吊脚楼颇有随意散漫之虞，似乎难有章法可寻。其实不然。正是这一点，使它们成了画家和摄影师猎取的对象，原因就是它的天造地设、气韵生动。这气韵，便是旋律，是节奏，是起承转合，是自然之脉络。透过那自然洒脱的外表，艺术家发现了它们其实严守着自然的绳墨。不信看那乌江岸边一座座吊脚楼，若有立足之处，便楼棚密布；若逢绝壁溪流，则自然敞开。楼宇若鸽棚密集而疏朗，错落而有致。溪涧桥洞，散落其间，芳草萋萋，烟树葱茏。桥街上漫步不见桥，总觉山穷水尽，前路莫明；随后柳暗花明，豁然开朗。或恍入“一线天”，“自非亭午夜分，不见曦月”；或如临“舍身崖”，千里峡江尽收眼底。举起画笔，即生气韵，打开镜头，皆是佳景。那浓浓的乡土气息和田园牧歌般的情调，让人想起海德格尔“人，诗意地栖居”的名言。在山地人居环境和环境美学方面，此处堪称一佳例。

这一切似乎都处于无拘无束的状态，然而它们的一招一式无不是有规律的向着空间延伸，它们那不拘“礼”节的随意散漫恰与这大地山川相默契，与坡形地势相结合。这不正是天造地设、形散神聚的艺术美吗?

我们感到十分惊讶，土家先民对自然环境的可贵认同和合理理解，并准确地把握了场地精神，使建筑和自然环境相互渗透，相互包容，相互融合，从而形成一个和谐的区域生态系统，使自己享受着一种绿色的生活方式。这种形态是建筑与自然环境充分协调的产物。所以不妨说，吊脚楼是一种“生态建筑”。

贵州土家族地区的吊脚楼像这大山一样显得单纯和质朴，它像土家人那样不崇尚精致和奢华，也不追求宽绰和气派。装饰，肯定是少不了的。然而它的装饰简单而朴素，不像徽州民居那般处处精雕细刻，描金绘彩，也不像江南园林那般处处精心打造，浓艳华丽。富裕点的土家族人家，只需要一个赋有象征意义的变形符号，或藤草、或水纹，配以简单的图案，便可把门窗、栏杆装饰得妥妥帖帖。既富含寓意，又朴素大方。朴素，难道不是一种更高的境界，一种更高层次的美吗？

很难设想，乌江、梵净山麓的吊脚楼多建在峡谷峭壁上，与山水为伴，云雾若隐若现，偶尔云开日出，露出真容，竟然只是几根碗口粗的柱子置放在悬崖上，若鸽棚一般，外加一排雕刻为橙子瓣的悬柱悬在半空，悬吊吊的，令人胆怯。云遮雾障时，鸟语猿啼，古木森森，俨然与山下碧绿如玉的江水相映，成为一幅幅天然的山水画，淋漓尽致地表现着土家族憨厚、质朴的性格。

土家族吊脚楼门前用不着石狮子、石鼓装饰，内里也用不着“美

与山水为伴的土家族吊脚楼

人靠”。横梁上挑出一个“耍子”（阳台）就足够消闲纳凉、谈天说地的了。吊脚楼上的人家，在“耍子”上隔街相望，闲来几人聚聚摆摆龙门阵，家长里短闲聊一通，那是很普遍的。邻里间的感情，还维系在这“耍子”上。外人乘船或坐车从土家山寨走过，运气好时，会偶尔听到晾衣的土家妹子那银铃般的山歌声。尤其是乌江江面放船的小伙子也情不自禁地应上那么一两曲船歌，或火辣辣，或情意绵绵，那又是另一番情致。就是这一番情致也有诗人写道：“家家临水作岩楼，半是村街半是浮。十八小娥槛内秀，停眸坐看上滩舟。”

雕花转角楼

一般说来，唱山歌的民族是朴实的。土家族朴实的性格与他们朴素的衣着和朴素的房屋装饰乃至朴素的思维方式是如此统一和谐，就像绿色融化于高山大江中一样自然，就像把吊脚楼建在高山大江逼仄的峭壁上一样自然。

雕花转角楼

吊脚楼朴素的品格表现为不浓艳，不华丽，不雕琢，不矫饰，古拙纯净，自然天成。这种朴素非但没有削弱其文化含量和价值，反而透露出一种崇高，一种非凡，一种自信。在如今这个物欲横流的年代，土家族吊脚楼反而成了“另类”。纯正原始的文化基因，让吊脚楼保存了几分乡野的质朴、超脱和野逸。

韵味浓郁的江城民居

乌江盐油古道的繁荣，催生了千里乌江沿岸江城的兴盛，当我们今天走进那些斑驳古墙夹道的幽幽小巷，会看到那些以姓氏命名的院落。这些就是富有浓郁民族特色的江城民居。这些家族基本上都是靠经营盐油起家的。如思渠的田家院子、华家院子，沿河的周家大院、熊家大院、肖家大院，淇滩古镇的张家院子、刘家院子、王家院子，潮砥的黎家院子，思南的刘家桶子、艾家桶子、郭家桶子、田家大院等。走进这些沉淀着的岁月记忆的江城民居，给人一种沧桑的感悟。

刘家桶子

位于梵净山麓的朗溪离乌江不远，它是靠乌江盐油古道的盐巴发展起来的一个古镇，它的传统建筑有乌江特色，也有梵净山风格，现有木结构建筑22842.8平方米，砖木结构建筑18309.4平方米，最高楼层为四层砖木结构，民房多为以前修建的封火桶子。朗溪现有封火桶子45家，其中保存最为完好的是王家桶子和张家桶子，王家桶子因其

朗溪古镇一景

地势险又称为高厢房。这些桶子不同程度地保留了“吊脚楼”房、木板结构瓦房、砖木结构四合院的建筑形制和特点，构成了乌江独有的建筑风格和民居特点，最大程度地保留了土家族的生活习俗，反映了人们在长期的土司制度统治下所处的生活状况和社会环境。

乌江封火桶子独具特色。格局皆为封火墙围护的四合院。其建筑多为三柱二瓜或五柱四瓜的小青瓦房屋。正房与厢房、对天连成一体，梁架结构皆为穿斗式，置龙门于一角，天井内用青石平铺。正房前用青石铺就阶沿，客人登堂入室大有舒适之感。正房明间为堂屋，置香火牌位，次间为寝室，稍间有的置厨房或寝室。面壁下部为走马板，上部为篱笆粉壁。大门上端书有书法遒劲的“积善家”三个大字，白底黑字，十分醒目，引人入胜。厢房为雕花窗，工艺精湛。正房和厢房的木柱、板壁、门窗均有雕画，多方展现了中国的传统文化内涵。

再就是乌江岸边的淇滩镇的封火桶子也很有特色，淇滩镇的主街宽不过四五米，两边的木屋铺面一个挨着一个，门前码架长长的板摊三脚马、四脚马，供赶场摆摊售货。木屋居多，有吊挂柱的，有雕花窗的，古色古香。风格独具的，还是那桶子屋，两边高墙，飞檐翘角，艳图彩绘，特色明显。

两三百米长的街面全部由青石铺就，时间长了，踩的人多了，每一块都光亮滑润。两边林立的是上了档次的房子，不是八字大门的深宅大院，也是花窗亮檐的吊脚楼宇。刘家院子正门是一字镂花木门，门额上，红军留下的区委会的门牌清晰醒目。门厅宽敞，四合天井明亮。石雕、木雕，工艺十分讲究。雕有“麒麟送书”“吴牛喘月”图案的花磉礅，工艺精湛，构图新颖，连地脚石也过了细钻，或回纹或人字纹，装修设计相当细腻。王家院子，八字大门，门厅宽阔，正房、配房在设计上更胜一筹。正房两边穿牌全部装齐，密不透风。尤其是天井中的两个石花礅，很有特色：高 60 余厘米，下四方，中八角，相接处为帘状雕饰，上为四方外翻圆形瓦面，创意新奇，工艺独到，实为少见。肖家院子，门朝南开，前为纵巷，牌楼式大门十分讲究。

还有张家院子。门前一个小石院坝，牌楼式八字大门。张家原先是淇滩首户，门前有四个石狮：一对雄姿威武的大狮坐守在大门之左右，还有一对抱拳大小的下山狮立于两门石方的半腰。天井中那两对石花礅，瓜状花雕，工艺精良。尤其是正殿右房内的两块长 3 米、宽 1.1 米的金字巨匾，一匾行书“富有日新”，运笔自然，力透纸背，当属上乘书法；一匾楷书“金镒流晖”，笔酣墨饱，雄健浑厚，端稳威严，一看便知出自名家。

淇滩古镇由于历史悠久、集市繁华，多有米粮、牲畜集散。同时还聚集了许多能工巧匠，铁器具制作、铜银饰加工和竹木器编造远近

有名。如今古镇建筑保留完好，民族特色浓郁，宅院装修设计精美，工艺精湛，文化底蕴丰厚，是乌江边上不可多得的观光景点。

一般来说，凡是这种封火桶子建筑都是经营食盐的场所，即乌江盐号。当然也有类似院子的为民居，或会馆、或宗祠，但毕竟不多，且并非都是一个个封闭的空间。乌江盐号一般都有一正两横，一个天井坝，然而那临江的一面都却是全敞开的，室内空间与室外空间，院内空间与院外空间彻底融合。凭着那低矮的石坎，便可饱览江岸风光、一江秀色。

封火墙主要分布于长江流域，东达海岸，西至四川盆地均有分布。而这一建筑形式最多也是最成熟的地区当属皖南，皖南或许是它的诞生地，并由此向外辐射。当然这还不是最后定论。但土家建筑的封火墙，显然是受东边来的文化影响。乌江的民居，封火墙已遗存不多了。倒是乌江人建造的盐号、川庙、会馆，给乌江留下了一个个能证明其文化来源的例证。

天井是从北面传来。天井的封闭性特征暗示着它是由远古的穴居演变而来的。穴居本是北方民族的传统，乌江的井院合围式干栏建筑，表明了它是由北方的天井和东方的封火墙加上自身的干栏式建筑三合一的产物。

周家盐号内景

盐号的室内布置

当然，天井很可能也是经由东边传来的，因为在皖南，天井已经和封火墙紧密地结合在了一起，而且是那样珠联璧合，那样完美无缺，显然是经过长时间的糅合而本地化的。天井不是长江流域的土特产，却可能和封火墙一起传入武陵山区。

如果说，北方的四合院体现了儒家礼制的尊卑秩序，徽州民居显露的是商人寸利必得的心理特征，江南水乡民居透露出的是传统文人闲适的雅趣，那么，这武陵深处的乌江盐号则充溢着一种道家哲学朴素淡泊和超逸清远的精神气质。

原先像这样带有封火墙的四合院的盐号建筑，在武隆、彭水、龚滩、淇滩、潮砥、思渠、洪渡、沿河、思南等地，随处可见。然而，物换星移，风流云散，昔日的辉煌已渐渐淡去，乌江盐号建筑终于蹒跚走到了今天，所剩无几。能像思南周家盐号这样完整保存下来的，更是少而又少了。清道光年间，周镐璜耗资 3 万两银子，在思南当时最繁华的城南黄金地段修建了这个商住两用的“和顺盐号”。这间盐号建筑坐落于繁华的安化街，坐西向东。占地 1500 平方米，大小居室 30 余间。由正堂、南北厢房、对厅、盐仓、厨房、龙门等组成。如今龙门已毁，所幸其余建筑保存完好。

思南刘家桶子是思唐镇的一组古代民居建筑，位于城南。刘家主人过去也是经营盐巴、酒店生意的，从小岩关进思南城的顾客必经这里，其建筑格局颇具乌江特色。根据地形，建筑布局由龙门、石墙、石砌台基、照壁、正房、厢房等组成。院落狭长，小巧玲珑。

桶子是一种封闭式建筑，外围为青砖砌筑的围墙，主人从龙门进出。龙门为木质建筑，上盖青瓦，古色古香。进入龙门便是照壁，避免了一览无余，使小小的空间也显得山重水复，也有风水的讲究。绕过照壁，才可见院子的庐山面目。高高的石砌台阶上是正房，侧面是厢房，长短相间、高低错落、主次分明，呈现一种内在的韵律。

木房内外都是木雕花窗，古朴精美，花鸟虫鱼，栩栩如生。尤以图案化的蝙蝠最为生动，寓意深刻。“蝠”者，福也。

其中一户人家的花坛青砖是上等瓷泥烧制，青砖上浮雕多为花草，造型生动。砖与砖镶在一起，其图案又相连成一个整体，具有较高的观赏性和研究价值。

此外，思南城同类建筑还有艾家桶子、郭家桶子、盛家桶子、陈家桶子等。这些桶子关上龙门，就是一个自给自足的家居了。这些桶子，为我们形象地诠释了古人对“家”的定义。位于思南县文化馆（原县城武官衙门）后面城墙上方，建于1930年，名为“天水第”的艾家桶子，坐西向东，依山而建，占地360平方米，分正房、左右厢房、对厅、龙门、院坝。正房后修建有厨房、天井、猪圈、厕所。除龙门为石墙外，全为瓦木结构，雕有窗花、木栏、阁楼。院坝上有花台，种有花草竹木。艾家桶子的修建者为艾森荣（1882~1937），字子父，他在思南城开设“德和园”商号，向外贩运黔东北土特产至上海、广州、汉口、重庆、湖南等地，运回盐、布匹、绫罗绸缎、毛线、日用百货、高级食品等，积累了一定的财富之后，他便修建了艾家桶子。艾森荣一生勤劳俭朴，好善乐施，每年都要拿出一定的钱粮资助贫困家庭和流民。

阴阳贡品团龙茶

印江团龙村是典型的梵净山土家族茶村。这里林木葱郁，清溪潺潺，吊脚楼依山修建，环境幽雅，是梵净山中最适宜修身养性的好去处之一。

传说很久以前，药王菩萨在梵净山采药时，被毒蛇咬了，昏死在一棵大树下。不一会儿，药王菩萨神奇地苏醒过来，他甚觉奇怪，抬头一看，原来是那棵大树的叶子上掉下来的露珠，滴到他嘴里，才使他起死回生。原来那棵大树是茶树。于是关于梵净山的茶不仅能解渴，还能治病的传说便流传开来。从此，梵净山茶闻名遐迩。梵净山团龙土家族人，纷纷种上了茶树，并且靠此发家致富。

明万历年间梵净山佛教鼎盛之时，梵净山金顶及四条朝圣的路上，都按照佛陀宇宙图谱建有皇寺 4 座、觉寺 48 座，香火十分兴旺。西线朝佛繁盛之景，如火如荼，冠盖其余三线。梵净山自古就是绿茶之乡，佛教一旦西传黔地，僧尼与茶就结下了不解之缘。妙玄驻锡灵山之后，为了满足僧尼日常以茶贡献佛祖（称为奠茶），以茶礼敬施主（称为佛茶），以茶助兴坐禅（称为禅茶），以茶善结交友（称为茶宴）等佛事活动的需要，在比较大的寺庙里开辟了茶园，自己采茶与焙茶。其中天庆寺深持和尚在九台高山上种茶成功，以及太平寺女尼种茶供寺养庙的事迹，都成了众人口传的佳话。由于梵净山得天独厚的气候、土壤条件，加上僧尼代代相传的种茶、焙茶技艺，所出产的绿茶都系茶中上品。地方官吏自然将其作为进献朝廷的珍贵方物。这样，梵净山寺庙佛茶，便从土家山寨，走进了皇宫内苑。由于寺庙的示范作用，西线佛路便有了寨寨种茶、户户煎煮的民间习俗。梵净佛运衰微之后，佛茶种植便完全走向民间，而团龙村距离四大皇寺的护国寺和坝梅寺均只有几公里，加上宜

印江团龙茶

茶生长的环境，自然成了梵净山贡茶的主要产地。因此，早在600多年前，团龙就被思州土司作为贡茶的产地，其声名一直保持到现在。

团龙村种植的贡茶，在当年不仅仅要贡献给朝廷，而且还要贡献给梵净山四大皇寺的诸多神佛。贡献给朝廷的被老百姓称为“阳贡”；贡献给梵净山四大皇寺神佛的，被老百姓称为“阴贡”，这即是“阴阳贡品团龙茶”的来历。其独特的茶树养护、茶叶采摘和炒焙方法，如果细细考究一番，你会发现每一个环节里都充满了禅意妙思。

这里的茶坞，一律不屑施肥、不予剪枝，听其自然。对于采茶的时间，也把握得十分到位，每到时节，都由土司官亲临茶场予以督察。采茶一年分为三次，清明前后采摘的茶叶称为“清明茶”，当地百姓又称之为“雨前茶”或“阴阳茶”；立夏前后采摘的茶叶称为“热茶”；立秋前后采摘的茶叶称为“扫尾茶”。

最好的贡茶是“清明茶”，因为要进贡朝廷与神佛，在采摘时机的把握上，用心之良苦，安排之精到简直就近乎传奇。清明前后，春水上树，地气回阳，要专等那夜深更尽之时，春雷欲响不响之际，组织心灵手巧的众多少女，头戴斗笠身穿蓑衣在茶坞边守候。合闪（即闪电）一起，天地雪亮，趁天与地的灵气交合那一刹，茶姑们得赶紧采摘。电闪雷鸣中只见双双巧手翻飞，活像一只只点水的蜻蜓翩翩起舞，煞是好看。电闪过后，天地寂静，少女们敛声屏息，聚精会神等待下一次电闪雷鸣……当地百姓将这样采摘下来的茶称为“合闪茶”。将“合闪茶”以祖传特殊方式先捂上3～5个小时，然后在锅中用文火一次性炒干，再装进特制的土罐里，贴上封皮，贡茶制作方告完成。

如今在团龙村尚存有树龄均在四五百年以上的贡茶树。后头坡梁子上长有3垄，长出的茶叶全部都是红色，嫩芽全苞不开岔。这三垄茶树由于年岁太老，每年只产茶叶1公斤左右，村民专用它来为人治病。另外还有三垄，生长在海拔1500米的龙门坳上。这三垄茶树共分蘖出22根枝干，枝叶覆盖了57平方米的地面。专家们一致认为，现存的团龙老贡茶树，是中国定植茶树中树龄最长、保留最好、干茎最大的中国茶王树。

在团龙民俗文化村品茶，是一种享受。梵净茶道系由中原深受儒家文化影响的礼仪与本地的巫傩茶意相互融合而形成的。在这个山清水秀的茶乡，你沐清风、品香茗，一边享受着中规中矩的佛茶礼仪，一边欣赏着浪漫飘逸的土家风情，该会是怎样的一种愉悦？

印江茶农晾茶忙

千年茶树

神仙居住的地方

走进梵净山下太平河岸、被称为“中国土家第一村”的云舍村，你会看见洁净的路面、湛蓝的天空、土家民族特色的四合院、清澈透底的龙塘河，这些景、物绘成一幅“村在画中、户在林中、人在绿中”的自然村寨图景。

传说云舍本来是神仙居住的地方。后来神仙被土家人勤劳、勇敢的精神感动，移居到后山的仙人洞居住，把肥沃的土地让给了土家人，为了纪念这些神仙，土家人把寨子取名叫“云舍”，意为“云中的房舍，仙人居住的地方”。

云舍依山傍水，美景如画，寨后有长达数十公里的仙人洞、嘎嘛洞，洞内景观各具其异，鬼斧神工，千奇百怪。有变化莫测的神龙泉，人声呼啸的“轰鸣泉”。数公里长的云崖大峡谷，造就了贵州乃至湘、鄂、渝独一无二的胜景和土家族人文、历史旅游观光名胜之地。

云舍属于经典的中国土家族古寨，四百余户宅舍依山傍水，高低错落，蜿蜒起伏。走进崎岖而狭窄的青石板道路，那幽深的巷道，诸多明清古建民舍、祠堂，让人犹如走进那已久远的岁月。石板路左曲右弯，连结建于清代或民国的土家院落二十多座。院落大都呈四方形，房屋普遍为两层，青砖到顶，滴水屋檐，墙角处泛出青苔。村落里没有特大型豪门巨宅，殷实之家却也不少。多是以筒子屋、三合院、四

云舍村寨

合院为主的干栏式建筑，翘角白沿，廊椽相接，青瓦若鳞，气势恢宏，十分古朴。特别是吊脚楼上各式各样的雕花栏杆，虽被岁月的烟尘熏得黝黑，但巧妙的构思，精湛的工艺，着实让人叹服。在造型设计上，有方、有圆、有斜、有万字格、有福寿图、有花卉，还有动物及各种水果图案。这些图案虽千差万别，但均栩栩如生。

云舍村美在奇水。从梵净山流下来的太平河从村边淌过，河水像矿泉水一样明净，云舍村人却熟视无睹，自顾自饮用村中的一汪池塘水。村人说，这个水塘叫“神龙潭”或“犀牛塘”，池塘底部呈漏斗形，中心不知有多深，自古以来水不枯竭，而且有明显的水涨水落现象。村民发现，只要水塘在久晴之后涨水，几天后就会下雨。久雨之后池塘水落，那么很快就会转晴了。云舍人打趣说，这水塘就像村里自办的“气象站”。《贵州通志》也记载：“云舍泉在省溪北十里。岁旱，祈祷即雨。”道光《铜仁府志》称：“云舍泉（省溪司）北十里，岁旱，血涂之，即雨。”神龙潭总结起来有三奇：一是深不可测；二是能预报天气；三是不定期的泉水涨落。

龙塘河由神龙潭水顺流而成，长不足千米，堪称世界上最短的河之一。泉中及河中特有的珍稀鱼类，以及每年六、七月江鱼逆流而上，回游神龙潭的奇景，更增添了神龙潭的神秘色彩。真可谓是“梵净山下神龙泉，神奇神秘纯自然”。

这神奇的神龙潭其实是一条暗河的出口，那水从几十里路外的梵净山流过来，冬暖夏凉。水从池塘里涌出，沿着两三米宽的河床从村中穿过，奔涌汇入了太平河。这条短短的河流，在梵净山下的云舍村带动了一个古老的产业——土法造纸。

云舍古寨已有两千多年的历史。文献记载：“楚子灭巴，巴子兄弟五人流入黔中，汉有天下，名曰：酉、辰、巫、武、沅五溪，各为一溪之长，号五溪蛮。”云舍土家族辰水先民在此繁衍生息。经过历史演变，土家族先民与其他民族先民虽然交往、融合，通婚联姻，但至今仍保留着自己的民族文化和民族习俗：独具本民族特点的服饰，佩戴谐调美观，艳丽雅致；民族传统节日多，几乎每个月都要过一次节日，除过与汉族共同的春节、元宵、端午、中秋、重阳等外，还要过“赶年”“过社”“清明”“立夏”“四月八”“六月六”“七月半”等；传统的农耕农作、土家织锦、手编工艺、土法造纸工艺在这里保留得

土法造纸

非常好。其中土法造纸传说是“云舍造纸，蔡伦为师”，至今使用的还是唐代流传的水排和作坊。至于“冲傩”“还愿”“祭祀土王”“祭风神”，唱“建房礼词”“哭嫁”“闹丧”跳丧舞，以及伴随着生产劳动所产生的“打闹歌”“上梁歌”“土歌”“情歌”“盘歌”“打溜子”“毛古斯”“金钱杆”“猴儿鼓”“八宝铜铃”“摆手舞”“花灯”“龙灯”“彩龙船”等土家族传统文化，为梵净山、云舍的神奇美丽平添了无限的人文魅力。

云舍造纸作坊

BAIHU 白虎 YINJI 印记

历史文化的投影

历史上，巴人与四周的土著部落为争夺生存空间，相互间发生了一次又一次的战争。长期的战争，造成了各部族的迁徙、分化、融合，最终形成了后来的众多民族及各民族的支系。战争是刀与血的话题，是残酷的，迁徙是辗转中的生死考验，是艰辛的。所以，战争和迁徙自然就成了各部族记忆中最为惊心动魄而又刻骨铭心的部分。为了让后代不忘自己的族源历史，永远铭记祖先的战争、迁徙和生息发展过程，各部族在没有文字的情况下，大都采用古歌传唱和服饰图案这两种形式来记录并传承他们的历史。这样，许多民族服饰就成了记忆的载体，成了穿在身上的史诗。

在土家族傩堂戏中，“土老司”（傩戏掌坛师,或主持土家族法事、仪式的老人）一般都要套上法裙。法裙分八幅罗裙、太极罗裙和山河社稷罗裙等。这三种罗裙以八幅罗裙最为常见。最早八幅罗裙是土家

族先民的日常服装，后来慢慢被“土老司”引进傩坛成了法裙。八幅罗裙是用红、蓝、黄、青、绿、黑、白、紫色的八块长形布条制成。每块彩布的左、右、下三边镶上不同色彩的吊边或镶嵌花栏杆，块面彩绣龙凤花草衬饰。块与块间不相接，起舞或走动时，八块布条迎风飘荡，色彩斑斓。

红绫镶青缎边八幅罗裙

其实八幅罗裙也来源于战争。相传很久以前，生活在乌江、锦江流域的土家族先民以刀耕火种、狩猎捕鱼为生，日子过得自由自在。每逢赶场天，土家族人背着背篼，内装兽皮、鹿茸、麝香、鲜鱼外出换取粮食、布匹、盐巴等生活用品。当地的官吏们看着一张张华丽的兽皮、一支支毛茸茸的鹿茸、一个个香喷喷的麝香囊、一条条肥美的鲜鱼，不禁馋涎欲滴。他们为了将其占为己有，心生一计，说：土家族人种的地是官家的地，猎的兽捕的鱼是在官家的山林河流中长大的，因此土家族人必须向官家交纳“地皮税”，进贡兽皮、鹿茸、麝香和鲜鱼，否则，就得迁到别的地

土家族盛装

着传统服饰的土家族男子

方去。土家族人坚决拒绝了官家的无理要求。于是官家就以不纳官税为由，派兵前往土家族山寨“征剿”。官军又抢又杀，弄得土家族山寨鸡犬不宁，人心不安。

当时土家族先民有八个部落，每个部落都有一个首领。这八个部落毗邻而居，但平时互不往来，官兵便采取各个击破的策略，一个部落一个部落地“征剿”。土家族人虽奋力抵抗，终因寡不敌众而失败。八个部落眼看单独行动不行，就联合起来抵抗，但由于没有一个总头目来统一指挥，结果是连吃败仗。正当大家垂头丧气时，一个老者说：“我们这八个部落虽然捏在一起了，但行动不统一，像一盘散沙，怎么能打赢官家呢？”听了老人的话，大家顿时豁亮了，于是公推了一个足智多谋、胆识超群的大首领出来。

大首领把各部落年轻力壮的小伙子组织起来，集中进行作战训练，提高战斗力。这些小伙子回到各部落后再训练其他人，分别组织战斗小组，对主要关口和要道加强把守。作战时，他们以牛角声为联络信号，统一行动，相互支援，紧密配合。大家平时分散为民，战时集中为兵。

时隔不久，官兵向土家族山寨蜂拥扑来。埋伏在各个关口和要道的土家族士兵早已刀出鞘，箭上弦，听到大首领一声号令，个个如猛虎般一拥而出，截住敌人的后路，来个关门打狗。官兵被杀得人仰马翻，溃不成军。

为了纪念这次胜利，并永保土家族山寨安宁，有人提议：八个部落各献一块色布，做一件战裙献给大首领，使他穿起来后能更好地调动八个部落的兵将，打起仗来更加威风；同时，也标志着八个部落的紧密团结。这战裙因用八块色布做成，被称为八幅罗裙。

后来，土家人觉得穿上八幅罗裙既威严又漂亮，还吉祥，于是男女都喜欢穿。土老司也认为穿上这裙子能驱邪逐鬼，故在傩坛中八幅罗裙成了必不可少的法裙。服饰都是先民战争迁徙及生息发展的历史记录，服饰图案的功能逐渐被象征意义所取代，成了一种文化符号，并在承传中融进了更多的道德伦理和审美情趣，其构图、疏密、虚实、明暗、空间布局、色彩强弱等发生了或多或少的变异，变得更加抽象，人们要解读这些服饰语言的含义，只有去参照各民族的传说故事、史诗古歌了。

晾晒土家布

把文化穿在身上

土家族独到的纺织技艺和独特的服饰装束有着悠久的历史。《华阳国志》记载，巴国早在先秦时期就用桑、麻、丝等向中原王朝进贡。在巴县冬笋坝的船棺墓葬中，曾发现麻布和绢的痕迹。由于巴人所织的布相当有名，所以秦汉以来都用它作为租赋的替代物。巴人当时织的布叫“賨布”或“幏布”，《后汉书·南蛮传》记载：秦汉时廪君蛮“君长岁出赋二千一十六钱，三岁一出义赋千八百钱。其民户出幏布八丈二尺”。板楯蛮交的赋税称为“賨布”。唐宋时期，“溪布”（出产地在今天的土家族地区）仍然十分有名。《溪蛮丛笑》释“溪布”为“绩五色线为之，纹彩斑斓可观，民俗用为被或衣裙，或作巾，故又称为峒布”。说明当时的“溪布”用途极广。明嘉靖《思南府志》记载：“弘治以来，蜀中兵荒，流移入境，而土著大姓将各空闲山地招佃安插，据其为业，或以一家跨有百里之地者。流移之人，亲戚相招，缰属而至，日积月累，有来无去。因地产棉花，种之获利，土人且效其所为，弃菽粟而艺棉。”可见，贵州土家族地区种棉花的时间较早。棉花、桑的大量种植，推动了土家族地区的纺织。道光《思南府续志》也记载：“闺中妇女向织土布，开阔二尺许，纱粗漏疏，乡民染蓝色，资以蔽体。”

精美的土家族背围

土家族的服饰将奇异款式、纷繁图案和琳琅饰品融为一体，除了具有遮风避雨、提示性别这些实用的共性功能之外，还被作为部落的族徽和氏族的标志，很早就打上了意识和精神的印记。

贵州土家族的服饰，在很早以前，男女款式区别不大，都穿草鞋、椎髻，着短衣、筒裙。随着盐油古道航运事业的繁荣，加上汉族迁入和汉文化的传播，土家族的服饰有较大的变化，男女装束渐有差异。

土家族男子通常身着琵琶襟上衣，安铜纽扣或布扣，衣边上镶梅花朵和绣银钩。后来逐渐演变成满襟衣和对胸衣，青年男子穿领高袖长滚韭菜花边的对襟短衣。中年男子的衣领较矮，一般在两厘米左右，人们称为“蒜叶领”，衣服正中安五至七对布扣。老年男子亦穿青蓝色土布做成的排子衣，外扎半截围腰，围腰上栏杆用白色滚边。下装多为白裤腰，裤脚肥大，称“褶褶裤”，绣有花纹，膝盖也有绣花。鞋子是高粱面白底鞋，老年男性多穿圆口布鞋。

土家族姑娘

土家族姑娘喜欢身穿滚边挑花排子衣，边口滚栏杆，梳一条秀丽的长发辫，用红头绳束紧，披搭在背上。梳头时，常在额前留遮过眉毛的头发，称作“妹妹头”，也叫“挑花尖”。在头额右侧要留出一束长发用银饰别针夹住，以示未婚。一般只戴耳环，不戴首饰，并在头上搭一块挑花头帕；腕戴走马银圈，玉石镯，不穿裙子，只在胸前系上一块桃形围腰，上齐胸下至膝盖，显出少女的朴实大方。而

土家族女子服饰

已婚妇女就比较复杂了。耳上吊有金银耳环。手腕上带银质或玉石手镯，有绷花、蒜薹等形状。胸前挂有“牙钱”“扣花”，上系银链、银牌、玉珠等一大串。老年妇女戴列子圈圈帽，佩大圈银耳环。

女性上衣主要有三种类型：第一种是外托肩，无衣领，镶花边，向右开襟，随衣襟和袖口有两道不同的青边，不贴花边；第二种是银钩，有衣领，衣襟袖口缀上一条青边，青边后面再按等距离贴三条五色梅花条，胸襟前用彩线钩花；第三种是青蓝布衣，都用白竹布滚花边。这些花边，有的是土家族妇女先剪的“花样”，再照着“花样”绣的，有的则是她们数着纱线一针一线挑的。女裤喜用青、蓝布加白裤腰，裤腰肥大，蓝底加青边或青底加蓝边，后边再挑两三条宽度不同的花梅条、麦穗条。有的裤子膝盖还绣有椭圆形的“蝴蝶戏花”图案。女鞋颇讲究，鞋口一般是滚书边挑“狗牙齿”形状，鞋面喜用青、蓝、粉红绸子等色料。鞋头的上面好用五色线绣上花草、蝴蝶或蜜蜂等草虫图案，鞋尖细小上翘，显得秀丽雅致。

把信仰戴在头上

土家族儿童服饰的突出特点在帽子，按年龄和季节确定帽形。如春秋戴“紫金冠”，夏戴“冬瓜圈”，冬戴“虎头帽”“狗头帽”“鱼尾帽”“狮头帽”。土家族儿童尤其喜欢戴“虎头帽”，一有辟邪之意，二有崇拜白虎的意思。冬天，不管戴什么帽子，这些帽子上除用五色丝线挑刺着“喜鹊闹梅”“凤穿牡丹”“福禄寿喜”等花鸟图案和汉字外，在帽子正前面缀上“大八仙”“小八仙”“十八罗汉”等银质菩萨装饰物；帽顶及帽后吊有许多银牌、银铃、银馨鱼、银虎爪。

土家族儿童头饰

土家族成年男子要包白头帕，头帕长为七至九尺，包成“人”字格，称之为“王”字头，有崇拜白虎之意，左边留有长约二寸的帕头。著名民族学家潘光旦到土家族地区考察时说：“这一带地方，一般喜欢在头上包白帕子，白帕子代表老虎，因为虎头上有三条白毛，通常称为‘王’字头老虎，包白帕子就是崇拜老虎，也是崇拜祖宗之意。”家有老人过世，孝子包的孝帕包法又不同，孝帕一定要遮住头顶，后方要拖两尺长的帕头。

土家族妇女头饰就更讲究了，有句俗话说：“头发一枝花。”山歌也唱：“阿妹头发二尺八，梳个盘龙插鲜花。”土家族妇女头发式样繁多，有二十余种，争奇斗巧，各具风韵，富有浓厚的民族特色。

土家族妇女头饰因人因地而异，但各有风韵。或编成小辫，或梳成盘龙髻，笼丝质发网，然后戴上各种不同的银质饰花，发式有年龄之分，有未婚已婚之别，不能随意梳，否则会闹笑话。小姑娘喜欢将头发梳成一条独辫子，辫梢扎着彩色布条，拖在背上，随行走而摆动，显示出少女健美、活泼的风韵；年老的妇女大多喜欢在后脑绾一个粑粑髻，显得老成稳重；年轻的媳妇们爱梳麻花头和太极头，别上银簪，套上青丝网子，头包五至七尺的青丝帕，现多为毛巾帕，包成厚厚一叠，呈大盘状，既显得年轻，又不失庄重。而新娘在即将出嫁的头天夜里，更是要让娘家人为她们精心梳理一种她们认为最好看的发式，这就是土家族婚俗中最为古老的仪式——梳头。

梳头仪式是夜深人静时在新娘的闺房里悄悄举行的，非常庄重。母亲把女儿的头发解散，用男方事先送来的黄杨木梳子象征性地梳几下，然后由一位心灵手巧的婶或嫂为新娘开眉，把头发梳理成粑粑鬏或兰花头什么的。挽巴髻，亦叫高巴发，额头上要收拢。再抹一层茶油，使头发乌黑油亮，光泽可鉴。若是富裕人家就更为讲究，要在头发上插银质的金瓜针、茉莉针、麻花针、瓜子针，银针三支、莲蓬一支、芭蕉扇一对。有的还戴箍箍帽，帽前缀一个银宝花，银宝花上钉一对龙，龙后一对凤，凤后一对虾，虾后一对银帽襟，襟下缀凤九只，凤后各含银摆坠三颗，有的在髻上插簪子，戴匝心花，高巴发的左右两边各戴一朵银质的后围花。另外，还要插上一根有梅、菊、牡丹等三种花的花扦。在前围戴“勒勒花”，其形是用三个指头宽的布带，正中上缀有玉石做的花，四围是银质花朵，头顶插有银质的麻花，或“银镶玛瑙抽心花”“巴耳花”“玉石花”，或“石榴针”，整个装饰高耸入云，行动起来头上饰物就如花枝摇曳，耳上吊有金银耳环。行走时，坠子摇晃，闪闪发亮，光彩夺目。

梳头仪式要一次成功，不能重复，意思是新娘出嫁夫妻一世恩爱，白头到老。梳头时新娘要唱“哭嫁歌”：

先前梳的一条龙，今日梳的重上重。
先前梳的一条线，今日梳的团团旋。
先前梳的花儿纽，今日梳的粑粑鬏。
盘了头发变了样，梳了头发改了相。

新娘举行完梳头仪式后，表示她从此就是一个已婚妇女了。

把祝福系在脖子上

土家族儿童

在土家山寨，儿童手腕上要戴银圈，银圈上吊有穿心银锤和银铃；婴儿背带、围裙和围帕上的图案比较讲究。往往在围裙、围帕上用彩色线绣上“双凤朝阳”“蝴蝶戏花”“古宝圈”等，背带上是植物藤花的花边条，也有在围帕上挑上“天子重英豪，文章教尔曹，万般皆下品，唯有读书高”等字句的，身前挂着桃肚围——这与成年人的围腰有些相仿，侧面系着挑花鼻涕巾。尤其是颈上常常套着一圈银链和一把银锁，闪光熠熠，那便是土家族小儿的百家锁。

关于百家锁，有一个传说。从前，土家族地区的白家山，有户打猎人家，年过半百才生一女，全家拿她当宝贝。从小，娘教她针织，爹教她射箭。由于天天练，年年练，她练出一手能射善绣的硬本领，能在百步之外射落香头，箭无虚发。姑娘常在乡里镇妖灭怪，为民除害，名声更响了。远近向她求婚的小伙子络绎不绝，人们说这姑娘真是“人人爱，百家说”呀。从此，“百家说”这名字就喊开了。

一天晚上，皇帝做了一个梦，梦见自己卧室门上挂了许多银锁，就找人圆梦。有一老臣奏道：“这是主上的好梦，是我们国家又出了个辅佐江山的能人。他能用百家、千家、万家的锁来锁住主上的江山，使之稳如泰山，永远岿然不动呀！这人按预兆就叫‘百家锁’。”群臣赞同，皇帝喜悦，就派人寻访这个栋梁之材。查来查去，在白家山查到这个“百家说”姑娘，查访人听成“百家锁”了，就召她进京城。

皇帝有些信不过，就亲自试她的箭法。皇帝叫差役头顶一碗清水，站在百步之外，要姑娘将碗射中，不得伤人。只听嗖地一箭，碗被射落在地。群臣转惊为喜，皇帝也称好。又命这差役手执竹筒，高举过头，

百家锁

叫姑娘将箭从这筒孔中射穿过去。姑娘面不改色，抬手一箭，那箭杆像流星似的穿过筒孔，满堂文武百官拍手喝彩。龙颜大悦，当即封她“银锁侯”，敕令在御林军任职，并亲自赐一根银链和一把银锁，套在她颈上。即便她犯了死罪，若不经皇帝亲自开锁，任何人都不得将她治罪。

此后，土家族人都盼望自己的孩子能像这姑娘那样，长大成才，镇妖避邪，为民消灾谋福，为土家族人增光添彩。于是他们就仿照着锁的样子用银子打一把百家锁来挂在自己孩子的脖颈上，代代相传，成为习俗。

把智慧围在腰间

贵州土家族，男女老幼都喜欢拴围腰。青年妇女拴上梨形围腰，显得风姿绰约；男人拴上短围腰，做活路手脚利索。所以石匠、木匠在别人家做完活路后，主人往往要赠送他们一条围腰作纪念。

土家族人拴围腰还有一个缘由。很早以前，土家族山寨有户人家，这家有一对同母异父的姐弟。弟弟叫石安，姐姐叫白会。姐姐聪明伶俐，手巧过人，所以，人称“小百会”。由于父母双亡，姐弟相依为命，姐姐日夜纺织，送弟弟读书。

石安在黄先生的私塾读书。因家境穷困，石安常常穿双破口子旧鞋上学。先生总爱喊他“鞋破狮子口”，渐渐地，这个名字就在私塾馆里喊开了。

石安很难过，回家告诉了姐姐。姐姐听了很生气，心想不给先生点颜色看看，他哪里晓得穷人的困苦？于是就问弟弟：“他衣服上有破洞没有？”“他的袖口破了。”弟弟说。姐姐眼睛一眨，说：“以后先生再乱喊，你就叫他‘袖破马笼头’。”

着土家族围腰的女子

第二天，石安刚走进学堂，先生就喊：“鞋破狮子口，来背书。”石安马上大声答应：“袖破马笼头，我来了。”弄得满堂学生哈哈大笑。先生有些难为情，皮笑肉不笑地问：“哪个教你的？”石安顺口答道：“是我姐姐。”先生暗想，一个农村的黄毛丫头哪能这么厉害？于是就对石安说：“明天我去你家做客，招待我必须要做到：千个盘子九样菜，无碗一双

围腰胸花图案

筷；一百人相陪，二五人招待。”

石安放学回家，将这事告诉了姐姐。第二天，先生果然骑着马来了。刚进堂屋，白会迎了出来，向他行了一个礼，说：“有劳先生光临茅舍，还问先生尊姓。”先生答：“敝姓挺尸晒的（挺尸晒黄：达州方言，用来骂人懒惰，睡懒觉）。”白会随口说道：“啊！黄先生辛苦了。”先生也问道：“请问大姐贵姓？”白会顺口说：“小女姓‘楼上三十三，楼下三十三，三七二十一，七六一十三’。”先生听得目瞪口呆，半天答不上话。

白会去到灶房，用筛子装着一盘凉拌韭菜和一双筷子，端来放在桌上，请先生坐了上席，自己坐侧席相陪，并叫弟弟倒茶上烟招待先生。白会站起来说：“谨遵师命，草草备了便餐，无奈家境贫寒，有负光临，请多包涵。”

先生无言对答，只好找个借口溜走，白会送出大门。先生走到马的旁边，手扶马鞍，一脚在地，一脚踩上马镫，问姑娘道：“你猜我要上马还是不上马？”白会并不说话，将一条腿退到屋里，双腿跨在门槛上，反问：“你说我要出去，还是不出去？”

这样一来，先生更觉得不好意思，心里暗暗佩服这姑娘，于是取出三尺青缎子送给白会缝围腰。白会拴了围腰后，显得更加迷人。从此，土家族姑娘们都仿效白会做起围腰来拴戴。男人们也认为拴上围腰能聪明起来，所以也跟着拴戴围腰。这一习俗一直流传到现在。

把爱情信物穿在脚上

把爱情信物穿在脚上，这似乎有些不雅，然而土家族人却不这样认为，他们认为万丈高楼平地起，脚踏实地最实在。把爱放在最实在的地方，那是最恰当不过的事。

土家山寨的小伙子向姑娘求婚时，如能获得姑娘精心缝扎的一双漂亮的新鞋，就算收到了一件极有意义的定情信物。

土家族姑娘从小就要学编织土家花被面，并挑绣各种服饰的花边、图案。然后就是学扎鞋。到了十八九岁，自然有男方请媒人来求亲。当媒人把小伙子带到女方家“认亲”时，如果姑娘看上了这个小伙，她会扎一双布鞋送给他，否则，就是姑娘不喜欢这个小伙子。做鞋要取鞋样，姑娘却不能去量小伙子的脚，这就全凭姑娘的聪明才智了。她们要么借做什么事时斜目观察，偷偷地用眼睛“量”下小伙子脚的长短肥瘦，要么把柴灰撒在小伙子要经过的石板路上，待小伙子走后，悄悄地量下尺码。做这双鞋，姑娘是颇费心机的。为表明纯洁执著的爱，鞋底全用白布粘贴。手纳鞋底时，常常要用手帕包着拿在手里，以免手心出汗，弄脏鞋底。针脚要密，要细，纵横成行，中间纳成菱角形的图案，叫做“有心鞋”。鞋面用青布做成美观大方的“圆口”式样，表示圆满和谐。姑娘的缕缕情思，就这样牢牢地系在一针一线上。当姑娘将自己缝做的新鞋连同一双精美的挑花鞋垫交给小伙子时，小伙子要当着姑娘的面穿上新鞋。姑娘在一旁含情脉脉地注视着小伙子的神情、举动，为能把自己的心血、情意和聪明才智献给心上人而深感幸福。

绣花布鞋

鞋垫

艳丽多彩的西兰卡普

土家族织锦，又名“西兰卡普”，汉语叫“土花铺盖”。它和土家土布一样，都有着悠久的历史。秦汉时，巴人就能织出一种精工细布，史称“賨布”，极负盛名。宋代产于溪峒一带的“溪布”“峒锦”已是“土酋”向朝廷纳贡的名品。清代以来，具有土家族特色的“西兰卡普”更是受到土家族人的普遍喜爱。它实际上就是一种织锦，以三块彩布连缀而成，构成整幅图案。土花铺盖的图案有一百多个品种，清代有《竹枝词》就咏过“西兰卡普”：“凤采牡丹不为巧，八团芍药花盈盈。”按照土家族习俗，结婚时，姑娘必须有亲手织成的土花铺盖做嫁妆，否则会遭左邻右舍的嘲笑。土家族姑娘历来以勤劳手巧为荣。土家族人择媳，也看重勤劳朴实，心灵手巧。土家族有民歌这样唱道：“白布帕子四只角，四只角上绣雁鹅；帕子烂了雁鹅在，不看人才看手脚。”“西兰卡普”作为土家族传统手工艺品，其制作工艺有四十八钩、二十四钩、双八钩、单八钩等。

土家族织锦，以红、蓝、白棉线为经线，以各色丝线、棉线为纬

西兰卡普

织机上的西兰卡普

线，通经断纬，纬花自由换色挑织而成。织机沿用汉代腰机式斜织机。挑织工艺全凭心计，无需蓝本。其图案采用象形、抽象的表现手法，呈单一形演进变化，小花造型填空，档头边缘衬托，显得粗犷质朴，构图饱满。

土家族织锦上的传统图案有百余种。

有反映狩猎生活的：狮头花、虎皮花，狮子花、野鸡翎、阳雀花、蛇皮花、狗牙齿、猫足迹等。

有表现大自然和农耕的：蝴蝶花、荞子花、韭菜花、苞谷花、梅花、菊花、牡丹花、玫瑰花、棱花、金钩莲花、八角香花等。

有取材于生活用具的：桌子花、椅子花、棋盘花、粑粑架花、神龛架子花、豆腐架子等。

有表现民族风情的：花轿、新娘、媒人、督管、送亲客、打旗子的、打花锣鼓的、吹唢呐的、抬嫁妆的，有机地组织在一幅锦上，构成了一幅动人的风情画。

有反映民族历史的：“四凤抬印”“五颗印”等。

有与神话、传说、故事有关的：“祥云腾龙”“老鼠娶亲”“盘古开天地”“二龙抢宝”“双凤朝阳”“喜鹊闹梅”“凤穿牡丹”“荷花鸳鸯”“鲤鱼跳龙门”等。土家族织锦以其独特的工艺和美妙的构图被列为中国五大织锦之一。

金针银线绣得山花怒放

挑花、刺绣是土家族工艺中的两朵奇葩，取红、黑两色，是土家族人对巴人祖先的崇拜，与巴人的早期历史有关。据《后汉书》记载，巴人最早有五姓，他们居住的洞穴不同，其中一姓住赤穴，其余四姓住黑穴。故土家族挑花、刺绣多取红、黑两色。

挑花、刺绣在土家族生活中运用较为广泛。挑花通常用于帐帘、窗帘、枕套、手绢、童帽、鞋垫、围腰、裤腰、裤脚、裤膝等；刺绣多用于帐帘、床单、带子、裙子、桌帕等。

土家族传统挑花多选用白色底布和黑线挑绣黑色花样，特点是黑白分明，图案简练明快，朴实典雅。那些黑白线条，或轻扬，似摇似曳；或绵延，如空山长藤；或劲拔，若竹枝迎风；或柔和，像彩蝶扬须。一幅优秀的挑花作品，可以把黑白线条的韵致发挥得淋漓尽致。例如《老鼠嫁女》《春耕图》《狩猎图》《丰收季节》《山寨春早》等。同类工艺还有《狩猎图》《春耕图》《山寨春早》《丰收季节》等，反映了土家族的古风民情，让人体会到土家族妇女丰富的想象，表现细腻的艺术个性，展示了土家族民族艺术品朴实的美。

土家族的刺绣总的来说，色彩对比强烈，具有浮雕感，清新鲜明，朴实自然。刺绣的时候先将要绣的图样画在纸上，再剪下来贴在底布上，也有直接画在布上的，然后用各种花色丝线刺绣。绣好后，底布被丝线盖住，现出立体感。绣枕套、童帽、花鞋、背裙、围腰等需先裱糊纸或用布作衬，以使底布平整，绣起来才得心应手。刺绣最讲究的是构图配色，或鲜艳、或淡雅，均以大自然为蓝本。聪明伶俐的土家族姑娘，长期住在山区，对花草鱼虫习以为常，她们对大自然观察细致，体验丰富，感受很深，刺绣起来往往胸有成竹，绣出来的作品也活灵活现，栩栩如生。

裤脚上的刺绣图案

晾晒的染布

素净典雅的土家族印染

走进土家山寨，你会时不时地发现一个又一个染坊，高高的晾衣竿上，晾着素净典雅的印花布，随风飘荡；宽宽的石板池里，也许正在发酵、沤制一种蓝色的染料；小河边漂布的土家族姑娘，挽起高高的裤管，赤脚踩着石板，一边劳动，一边唱着欢乐的歌儿。这就是土家族传统的染布情景。

土家族服饰的面料多为自织自染，具有浓郁的民族特色。

土家族人印染出来的一匹匹印花布，具有单纯凝重、古色古香的色彩，也有朴实大方、洋溢着大自然芬芳的图案。印染是土家族人民生活中经常用到的一种技术，分为普染和灰染两大类。

普染以蓝靛作为主要原料。土家族人生活在大山深处，他们在长期的生产、生活中发现了一种天然植物，散发出宜人的清香，饱含着蓝莹莹的汁液，这种汁液沾在衣服上，是洗不掉的。土家族人就将这种植物采集回来，放在石板池中，加上石灰等原料，通过发酵、沤制，制成一种蓝色的染料，叫蓝靛。

灰染类似于蜡染，以模具刷灰胶，然后脱模、碾压，染出来的花纹图案形象动人，经久耐磨，永不褪色。

土家族印染的具体操作步骤是，先把十张上好的白皮纸叠在一起，用猪血浸泡晒干，再用桐油熬制的光油刷在纸上做成纸版。这样的纸版坚实牢固，不易起皱，不怕水浸油污。纸版制成后，将各种花草动物图案描在上面。所绘的图案有表现青年男女爱情的，有表现家庭幸福生活的，有描摹福禄寿喜等传统祝词的，还有反映土家族神话、传说以及一些传统物事的，诸如《双莲并蒂》《双狮滚绣球》《喜鹊闹梅》和竹叶、藤花等。大的用于被面、床单、帐帘、门窗等，小一点的用于围裙、枕头、手帕等，艺人们总是能灵活布局，互相搭配。图案描好后，就用小刀精雕细刻。这道工序往往只能由老师傅来完成。老师傅把图纸平铺在坚硬的硬木板面上，顺着图案的线条一刀一刀地走动，动作之快，刀法之准，令人叫绝，叫外行人看得眼花缭乱。一袋烟的工夫，一块活灵活现的花版就已摆在面前。那线条流畅柔顺，该圆则圆，该方则方，没有一丝断裂；那花形、花瓣、花蕊、叶子和枝丫以及动物的眉毛、胡须，都刻得复杂而细微，生动而精致。

印染时，将花版放在白布上固定好，再用石灰和豆浆调制成石灰膏，均匀地刮在花版上。刮完后，取下花版，待灰膏在布上晾干后，再把布放入染缸中浸泡。浸透以后将布捞起来，让它氧化10分钟左右，又放回染缸中浸泡。如此多次后，把布捞起来搭在竹竿上晾干，然后用刀削去灰膏，再拿到河里漂，接着晾干、碾压，这样洋溢着大自然芬芳的印花布才算制作完成。

印染作坊

圆梦的土家族手艺

土家族人长期劳动生活在乌江沿岸、梵净山麓的崇山峻岭，多受山区自然风物的熏陶，心灵手巧，他们制作的民间工艺品题材丰富，形式优美，形象生动，表现了土家族人民的聪明才智，反映了他们对大自然的热爱和对美好理想的追求与向往。

剪纸：凡遇到婚嫁喜庆吉日，贵州的土家族姑娘就会帮助即将出嫁的同伴，剪些“枕头花”“枕帕花”。同伴出嫁后，姐妹们就帮新娘剪些“背带花”“背裙花”“搭帕花”“帽花”，以供新媳妇给未出生的小宝贝缝背带、背裙时绣花之用。贵州土家族剪纸内容丰富，有“鲤鱼跳龙门”“喜鹊闹梅”“双凤朝阳”“二龙抢宝”“凤穿牡丹”，以及一些吉祥谐意的物象。剪纸不需蓝图，凭着一把小剪刀，想剪什么就剪什么。构图朴实饱满，造型生动优美，古朴幽默，表现花卉虫草、飞禽走兽，不拘泥于临摹，采用变形夸张等大胆手法，使形象更富于想象力和诗情画意，具有浓郁的生活气息和古朴的民族特色。

雄黄雕：思南大河坝雄黄沟方圆20余公里的两座山上，蕴藏着丰富的雄雌黄矿。雄黄粗犷、坚硬，雌黄细嫩、深红，属稀有矿藏，据文献记载已有500多年的开采历史，产品一直远销日本、东南亚。雄

土家族剪纸

思南斗笠

黄是一种中药。每年五月初五，端午节，土家族人除了喝雄黄酒外，还要将雄黄点在小孩的额头上，以防毒虫侵扰，并以示驱邪。同时，雄黄还是非常好的雕刻材料，雕刻成的山水人物等工艺品曾被清代思南知府用来进贡朝廷。北京人民大会堂贵州厅陈列的“八仙过海”图就是用这里的雄精矿石雕刻而成的。

斗笠：思南斗笠，历史悠久。明洪武十四年（1381年）四月初一，思南宣慰使田大雅率部入朝，贡棕丝斗笠、棕叶扇等，朱元璋看了斗笠赞曰：“篾细如丝，美哉！美哉！民能戴，官亦能戴。”

斗笠选用慈竹加工编织而成。制作时先将竹子破成薄片，划出两层，分别用刀再划成竹丝，然后将竹丝依着模型编织，里面铺上一张皮纸，再盖上外层，将两层扣牢锁边，并在夹层下部铺上棕丝，在上部铺上红绿纸角，在顶部核心处填上一块青布，再锁边即成。斗笠按制作材料分为纸斗笠和棕丝斗笠，使用前都要安上竹篾圈，在表层涂以桐油。风干后即可使用或上市出售。

印江油纸伞：素有“思南斗篷印江伞”的说法。印江油纸伞，历史悠久，16世纪初便已开始出产，盛于清代、民国时期。油纸伞以竹子、白皮纸、柿油等为原料。生产环节多，有“工序七十二道半，搬进搬出不消算”之说。油纸伞伞面光滑明亮，颜色鲜艳，美观大方，质地坚韧，抗水性强，质量上乘。曾远销遵义、贵阳、重庆、广西、福建等地，20 世纪 60 年代还远销东南亚地区。

印江油纸伞，除用作遮风避雨外，还是土家族姑娘出嫁必不可少的物品。在姑娘出嫁时，男方去接亲，要由媒人拿一把大红伞到女方家去接新娘，新娘要打着红伞走到男方家。“红”，指大红喜事，红红火火；“油”寓意“有”；“纸”寓意新娘早生贵子。纸伞张开呈圆形，寓意为圆满吉祥。

印江油纸伞

土家美食远飘香

社饭：社饭是梵净山麓的江口、碧江土家族的传统小吃，是每年农历二月“社日”（农历二月初二）必食的“节日饭”。相传农历二月初二这一天是土地神的生日，我国很早就开始了对土地神的祭祀，后来民间就有了过社日的习俗，把祭土地神的地方、日子和祭礼都叫社，所以社的本意是指土地神。因为惊蛰春分时节，是农民投入春耕生产的农忙季节，所以过“社”，正是对滋生万物的土地的祭礼，希望能五谷丰登，有个好收成。

土家族人十分看重“过社”，家家户户乐此不疲，过社时，都要做香喷喷的社饭。社饭的制作方法是：将田园、溪边、山坡上的鲜嫩社蒿草采撷回家，洗净剁碎，揉尽苦水，焙干，与野蒜（胡葱）、地米菜、腊豆干、腊肉干等辅料掺和糯米(可掺部分粳米，但需先将粳米煮成半熟后合入糯米）蒸或焖制而成。其味既有融糯米饭和肉食一体的美味，又有淡淡的药香、草香。老辈子们说社饭能祛邪驱毒，清心明目。

由于社蒿草（香蒿）具有很好的药理作用，其性苦寒，能治

社蒿草

社蒿草又叫香蒿，属于青蒿的一种，为桔梗目菊科植物。二年生草本。茎直立，上部多分枝，具纵棱线。叶子互生，茎中部的叶子二回羽状分裂，线形小裂片。夏季开花，头状花序半球形，多数成圆锥状，花管状，外面为雌花，内层为两性花。气香特异，味微苦。以色绿，叶多，香气浓者为佳。

社饭

江口豆腐干

江口豆腐干

疗和预防多种疾病，所以社饭也是土家族传统药膳中的一个常用品种。

土家族人做社饭不光给自家人吃，还把它作为馈赠亲友的佳品，故有民谚说“送完了自家的，吃不完别家的”，彰显土家族人淳朴的民风。

江口豆腐干：这是梵净山麓江口土家族人制作的一种风味食品。其制作过程一般要经过泡豆、磨浆、滤浆、煮浆、点浆、上箱、过卤、切块、上扦、晾干等十道工序，色香味别具一格。江口豆腐干之所以有独特的风味，主要得益于做法中的三个要点：一是选用纯净的井水；二是不揭豆油皮，以保留其精华；三是在上扦时，先一小块一小块地把它移放在类似斗笠的竹簟上，晾干八成左右，再晒干或烤干，使其不起泡，也没有煳锅巴，形成干硬、发黄、透明的方块。江口豆腐干吃法多样。可直接用来下酒，细嚼慢咽，香韧可口；若用油炸，成为更加酥脆的菜品；如用水发胀切成细丝炒肉，则形似墨鱼丝而别有风味，也是一道美味家常小菜。

花甜粑：花甜粑是思南土家族人特制的风味小吃。“花甜粑”的制作过程充满了艰苦和乐趣：首先要选上等的糯米和粳米，一般按照2∶1的比例混合，淘去米糠浸泡，待米浸透发泡时再磨成细粉。然后将磨成的细粉提取四分之一煮成熟浆（土家族人叫打浆子），与干面糅合成团。再将面团分成若干，擀成薄片，抹上粑粑红（一般只用红色和绿色），根据自己做花的需要，以三层、四层、五层不等重叠，将叠好的面片卷成圆条挞合。用一条预制好的薄竹片，在圆条的周围向内压数条细槽，再将细槽用少许水抹湿挞合，再用一层涂色面片包在挞合的圆条上，再挞合。最后把挞合的圆条切开，便能清晰地看到所做的图案，

花甜粑

思南米粉

图案通常是自然景物中的花、鸟、鱼、虫等，也有“寿”“福”等字样。做好的花甜粑被放在一个编好的竹蒸笼里，一般用大火蒸大约三小时，即可出笼。

花甜粑便于储存。只要将蒸熟的花甜粑凉透后放在水缸里用清水浸泡，便可以吃到第二年的农忙季节。花甜粑吃法多样，将其切成薄片，可用甜米酒煮食，也可放在油锅里烙吃，或蒸了吃，还可放在火炉上烤吃，无论哪种吃法味道都很爽口。

思南米粉：这是思南的风味食品。其原料为大米。做法是先将大米浸泡半天，再磨成浆汁，用文火将锅烧烫后，再用刷子把蘸油抹在锅面上，舀一勺浆汁均匀地摊在锅面上，烙成锅盖形的粉皮，揭下后晾在竹竿上稍加冷却，折叠成扁筒状，切成丝。食用时，将粉丝下在沸水里煮一分钟，捞在碗里，加上炒好的肉末和作料即可。

在食用的搭配上，尤其以羊肉粉别有风味，也是思南人常用的早餐。制作时，先把羊肉切成小块，温水清洗，漂去血水，再反复用手挤压羊肉，以清水冲洗然后晾干，再将羊肉和羊骨头全部倒入沸水锅里，放进五香药袋，打捞出锅内汤面泡沫后，再盖上锅盖用中火炖半小时，将羊肉、五香药袋捞出，骨不要，汤汁待用。炖好的羊肉要切成小片，再放入汤中，加酱油、盐，再用微火炖开。然后将羊肉片连汤舀起来放在煮熟的米粉或绿豆粉碗里，放上少许的花椒粉、辣椒红油、姜片、葱花等佐料拌匀即成。羊肉粉清淡鲜香，令人回味无穷。

HUHUN
虎魂盛典
SHENGDIAN

披蓑举刀过赶年

土家族过年，要提前一天过，即农历月大是腊月二十九，月小是腊月二十八，土家族人称之为过“赶年”，即往前赶一天过年。其来源的说法很多。

一种说法是，在明代嘉靖年间，有一年土家族人正准备热热闹闹过年，突然朝廷传下圣旨，调土家族士兵到东南沿海抗击倭寇，限定腊月三十启程。土家族士兵为了按期出征，就提前一天过年。是日凌晨，父母为了不惊动熟睡的儿子，早早起床，不点灯，不用刀，摸黑煮饭，把肉切成坨坨，豆腐插成块块，蔬菜扭成节节，混在一起放在锅里煮。做好饭菜后，给祖宗烧香燃纸，然后叫醒全家坐在一起吃“团圆饭”。将士们在抗击倭寇战争中屡建战功，击退了倭寇，保卫了国家。后代子孙为继承发扬祖先的爱

国精神，每逢过年都提前一天。久而久之，便成了习惯。

另一说法是，从前土家族先民居住的村寨，在腊月底即将过年之时，遭一外族抢劫，男女老少奋力抵抗。他们披着蓑衣，埋伏在枯草丛中，出其不意，一举消灭了劫匪。这天，正是在腊月二十八。后人为了纪念这个胜利的日子，便把这天定为年节。并且在祭祀祖先时，他们仍用蓑衣披在身上，故也叫过“蓑衣年”。土家族人提前过年的习惯，世世代代相传，沿袭至今。如思南县香坝杨姓土家族人腊月二十八吃年饭时，要用蓑衣将刚杀下的猪肉盖住，谁走进这家，就要留住一起吃年饭。在吃年饭前，全家老少要披着蓑衣，拿着长刀，嘴里喊着“杀，杀”，围绕住房走一转。

还有一种传说，在很久以前，朝廷派兵征讨土家族山寨。年关已近，土家族人便提前过春节，上山躲避。等官兵进寨住下欢度春节时，土家族士兵于鸡鸣时杀回，大获全胜。因鸡报晓有功，故过年不能杀鸡。

这些说法，都与古代的战争和土家族的遭遇有着密切的关系。土家族过年不但在时间上有其独特之处，而年事活动持续时间之久，内容之丰富，也是土家族特有的习俗。在贵州土家族年俗中，最具有特色的是沿河及梵净山麓的印江、江口土家族人的过年习俗。笔者曾在沿河晓景乡李家山亲身感受过土家族过年，至今记忆犹新。

过赶年撵寨

沿河晓景、中界一带的土家族进入腊月十五就忙起来了，杀年猪、祭灶神、推豆腐、打钱纸、购鞭炮，过年的气氛越来越浓。李家山土家族也同样忙碌起来。

杀年猪：李家山几乎家家户户都要杀年猪，杀猪的屠夫是山寨里身体壮实的土家族汉子。他们把年猪从圈里抓出来，连拖带抬，有人抓住猪耳和前肢，有人抓住猪尾巴和后肢，“嗨”的一声奋力把年猪放倒在长板凳上。把住前肢的人将手肘压在猪的前胸，抓耳的人迅速握住正在嘶叫的猪的嘴巴。然后腾出压猪的手腕，持一把雪亮的杀猪刀，迅速刺向猪的喉咙。鲜血就汩汩地顺着刀流向早就准备好的放有淀粉、食盐和钱纸的木盆里。杀猪时必须一刀毙命，血要流得酣畅，这样就预示着主人来年时运亨通，百事顺畅。年猪杀死后，主人要立刻烧香、烧纸，并提着潲桶走向猪圈，口里还唤着猪，请它回到猪圈里，希望来年再喂一头大肥猪。土家族杀了年猪要用猪的部分内脏和肉招待在场的亲友，还要将血口肉用来炒成回锅肉，将猪血花和豆腐、白菜煮成汤菜，称为吃“庖汤肉”。吃“庖汤肉”是年节前的重要活动，一直沿袭至今。

晓景乡

晓景乡位于沿河土家族自治县西北部，与中界乡接壤。距离沿河县城和重庆秀山土家族苗族县城均为30公里，是重庆、贵州交界的边贸乡场。场上村是乡政府所在地，是当地的政治、经济、文化中心。李家山村民小组离乡场仅2公里，分上、下寨，男姓均为田姓，皆为土家族。

年猪杀了以后，除将猪肉留下部分过年外，其余都用来制作腊肉、香肠，制成风肝。还要推豆腐，制作霉豆腐、豆豉，酿制土酒，制作麻饼、酥食，做酸鱼、腌制泡菜。

土家族年夜饭

赶场买年货：李家山人虽有“有钱不买腊月货”的说法，但一到腊月他们仍会赶场，晓景场期为五天一场，逢每月初五、十赶，李家山人把自家生产的粮食、花生、牲畜、家禽等拿到场上去出售，购买香、纸、鞭炮、烛、酒、糖果等年货。

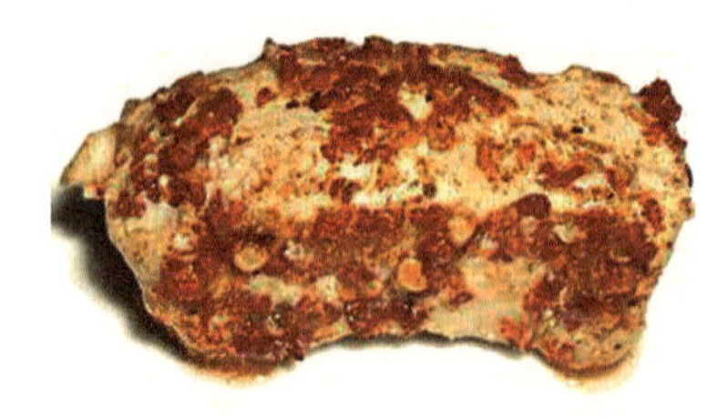

土家霉豆腐

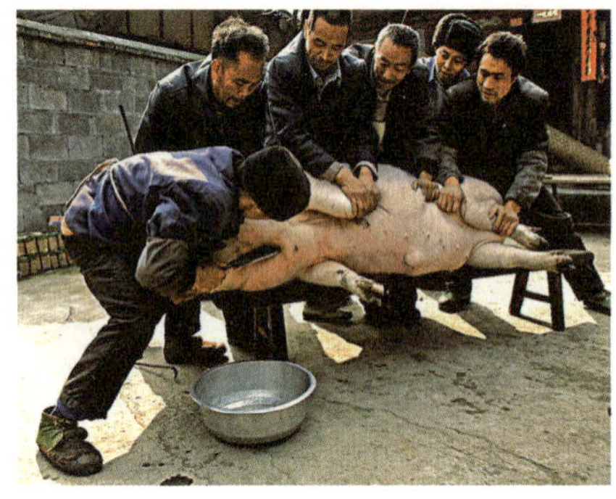

杀年猪

也为家庭成员购买新衣、新裤、新鞋袜以及新被条、床垫等。

安香盒：李家山人称神龛为香盒，它是主人家用以供奉祖先、神佛的小阁子。土家族人在装修房子时就要在中堂后壁墙上，镶一个正方形的盒子，其木料是长在深山的优质发木（第一年砍伐后，第二年又马上长出新芽的木材，称为发木，意为四季发财、儿孙发达）如杉、椿、白杨等。用这样的木材做成板子，并且要按顺序排列，切忌上下颠倒。在腊月必须请有福分的先生来安香盒，即用红纸重新写祖先、神、佛名讳的牌位，称之神榜。正中写“天地国亲师位”或“××堂上之位”，左侧写“四官大神、神农黄帝，至圣孔子等之位”，右侧写“观音菩萨、值年太岁、历代祖宗等之位”，其下为供奉祖先考妣名讳，神榜左右两边写对联。神龛下端写“本家镇宅、长生土地”牌位，两侧对联为“土能生万物，地可发千祥”。

祭灶神：腊月二十三是祭灶神的日子，传说灶神是一家之主，主人家一年中的是非善恶，他都记录在案。腊月二十三日灶神要向上天汇报，所以灶神是得罪不得的。李家山土家族人在腊月二十三这天晚饭后，要将锅瓢碗盏火钩火钳等炊具洗得干干净净，摆得整整齐齐，用茶盘装上刀头肉一块，粑粑、豆腐、炒鸡蛋各一盘，酒三杯，点三炷香，两支磕头烛，一贴散钱，十二挂长钱，烧化后祭祀灶神。在刀头肉上用刀划一个十字，把肉、蛋、豆腐等食品各拈一点扔在燃烧的纸堆上。这一套程序完成后，就表示神灵已经吃过了，钱也收到了，灶神便会高高兴兴，摇摇摆摆上天奏事去了。祭灶神除男的主祭外，女的也要跪拜磕头。春节前后的一切祭祀活动妇女都不能参加，唯有

欢庆大年

祭灶神必须参加，因为妇女长期围绕锅灶转，和灶神打交道多。

打扬尘：每年腊月二十四日是李家山土家族人的“打扬尘日”，即打扫屋内外的清洁卫生。由于李家山土家族人至今还是终年烧柴禾煮饭，一年下来室内顶棚上积满扬尘，扬尘落入锅里，很不卫生。所以每到腊月二十四日这天，就要清扫扬尘。打扫扬尘不能用一般的扫把，而要专用苦竹枝做的“扬尘竿”，将屋梁、顶棚、灶房打扫干净，谓之“打扬尘”。

抽油烟：在李家山一带，由于屋子矮小狭窄，油烟不容易扩散，屋子里常常结满了油烟垢。土家族人认为油烟和人们身上的汗油，只有通过别人的谩骂才能打掉。所以，谁家园子里的大蒜、芹菜、白菜、青菜长得好，就有一群孩子到他家的地里不问青红皂白地拔起蔬菜就相互打在对方身上，然后把打烂的菜扔在地里，任何人不得把菜带回家。“抽过油烟”的菜地一片狼藉，娃儿们却越玩越开心。待次日主人发觉菜被打坏了，孩子们少不了挨一顿臭骂。“抽油烟”意在把身上的油汗和厨房里的油烟打掉，以期待来年家净身洁，少有疾病发生，而且必须要菜地主人发觉后谩骂才灵，油烟汗水才能除尽。

这些事情都做完后，便开始过年了。

李家山原来是兴过赶年的，后来受汉族的影响，也过腊月三十了。这一天要办年饭，全家忙一整天。除夕的晚上更是繁忙而热闹，要祭四老爷、打糍粑、烧圪蔸火、炖猪脑壳。

祭四老爷：腊月三十晚，要祭祀祖先。祭祀时在神龛前摆上方桌，上放4杯酒、4碗米饭，猪、鸡、鸭、鱼肉、豆腐等各1碗，然后家里的男主人要烧香化纸，放鞭炮。祭祀祖先时，要在大门外摆上一条板凳，上面也要摆一些饭菜，点上香纸，表示对外亲也要请到。然后主人在炖熟的猪脑壳上面用菜刀划上“十”字，撒上盐，插上一双筷子，抬到土地庙去祭四老爷。据李家山的田贵华老人说，四老爷是“田、罗、冉、唐”四位财神菩萨，住在武陵山上，分别主管一年四个季节。以前他们不学好，总爱行窃，把别人偷穷了，而自己腰包一天天鼓起来。被偷的人家穷困潦倒，生活非常艰苦。后来四个“强盗”良心受到了谴责，决心痛改前非，就教人们种五谷、驯六畜、做生意，慢慢地大家富裕起来了。人们既往不咎，也非常敬重四人知过而改、助人为乐的精神，于是在神龛上写上“求财有感四官神之神位”，或“酉溪显化田罗冉唐四官尊神位”等字样，每年三十夜都用猪头、糍粑等祭四老爷，以保佑来年五谷丰登，六畜兴旺，四季发财。而祭四老爷的钱纸比较特殊，是专用的，即把几张纸巧妙折叠在一起，打成纸钱，扯开后就成上面连着下面，分为四串的特殊钱纸。

李家山上寨的土地庙原先在山寨中央的一盘大石上，石上长着一棵三人合抱的古树，名叫爆蛇蚤树，树下四块石板搭成的石板盒子，上面长满了青苔，这就是土地庙。

打年粑

吃年饭：祭祀完四老爷后全家便开始按老幼排列围绕大方桌吃年饭。吃饭时，不要出声

土家族糍粑

音，吃完后，不要说“吃完了”，要说“有了”，并且，筷子不能桥搭在饭碗上，更不准用筷子敲碗，否则会把财神惊跑。甑子里的饭不能吃完，要余一些，放到第二天吃，表示年年有余。大人也不能随便打小孩，否则小孩来年不顺利。

打年粑：在李家山，除夕的晚上，每家院坝都用柏香木、青冈木圪蔸，生上一笼旺旺的篝火，土家族人称为“圪蔸火”，生圪蔸火是预示来年喂的肥猪脑壳也像圪蔸那么大。小孩们围着圪蔸火跳跳唱唱，欢乐不止；室内的大人们则在灯光下忙进忙出。整个山寨彻夜明亮，喧闹不止，沉浸在忙碌而欢乐的节日气氛之中。“打年粑”为除夕的第一桩乐事。打年粑的场面异常热烈，十分有趣，小伙子们围着石粑槽或木粑槽，手执木槌站定，少则两人，多则四至六人不等，定要成双成对，图个吉庆。首先主妇把漂干净、蒸透熟的糯米倒入槽内，然后，随着“喔——喝”一声吆喝，小伙子们即挥舞木槌打起年粑来。小伙子们打得满头大汗、喘息吁吁。打年粑时，要一口气打好，途中不许换人，淌出的汗水越多，就预示来年雨水就降得越多。粑粑打好了，要由打粑的小伙子将糍粑举起来，在粑槽里重重打几下，然后才利利索索地将糍粑放在主人预先铺好豆香面的簸箕上，趁热捏成一团一团的粑粑。土家族人喜欢把除夕糍粑团成圆盘样，预示主人全家团圆，幸福美满。接着，由男人把捏好的除夕糍粑糊满豆香面，摆上祖先神龛，端来刀头肉、坨坨肉、和和菜，架上几双筷子，祭祀祖先，随手递上一团糍粑给打粑人。递的糍粑一定要大，要圆，这样才显得主人家慷慨、富有。否则，会被视为小气，来年财神爷就不到这家来。主人递来的东西，非吃不可，否则，会被视为看不起主人。一家的糍粑打完了，小伙子们又拿起粑槌“喔喝”一声又到别家去了。也许平时两家有不愉快的事，但这晚上大家都不计较，照帮忙不误。打糍粑的小伙子就这样通宵达旦，逐家逐户帮忙打除夕糍粑。谁帮忙的人家最多，谁就算是土家族山寨里最有力气最懂得礼貌的人，谁就最受人喜欢。

当地土家族人的大年初一，有许多讲究，围绕大年初一开展的各种活动，也很有民族特色。

抢头鸡水：大年初一的头天晚上，每家都准备好装水的家什和鞭炮，准备“抢头鸡水”。“抢头鸡水”由家中主要劳动力担任，如家中有多个劳动力，就由家长指派其中机智、能干的人担任。当鸡叫头遍时，“抢头鸡水”的人就要起床，担上水桶悄悄摸到水井边。洋荷坳的水井在山寨后面，是终年不枯的龙洞水，井上有一棵大枣树。“抢头鸡水”的人不能出声，更不能讲脏话，否则会惊动“头鸡水”，只能用瓢轻轻地舀，装满水桶后就开口大叫：“抢头鸡水啦！”同时，燃放鞭炮，谁家的鞭炮先响，就说明那家抢着了“头鸡水”，这一年就有了财源。一处鞭炮响，引来八方齐鸣，此起彼落，震醒了古老的土家族山寨，给大年增添了热闹的气氛。抢水回家时要边走边喊：“头鸡水到我家，到我家啰！”“抢头鸡水”后要从后门或侧门回到家中，然后马上用这水泡米、喂鸡，以此期望鸡

围席而坐

吃了后，天天生蛋，主人天天进宝。

点爆竹

听鸟语：大年初一早晨，各家各户都关上大门，并且是不能随便去叫门的，要等人家自动开门。清晨起来后，大人和小孩都要换上崭新的衣裤。妇女们忙着蒸煮大年初一的食品。初一早晨这餐饭是非常丰盛的，先把各种菜做好后陈于桌上，祭祀仪式大约同于三十夜烧年纸，当主祭人祭祀完毕后，就围着火坑烙糍粑，烫热头天晚上准备的菜肴。同时，人们还要屏住呼吸倾听房屋顶上或竹树林中的鸟叫，若是麻雀先叫，就预示这年稻谷（麻谷）丰收；若是高粱雀先叫，就预示这年高粱小谷丰收；若是苞谷雀先叫，就预示苞谷丰收。在土家族人的心目中，每一种鸟都管着一种庄稼。什么鸟先叫都吉祥，就怕没有鸟叫。所以土家族人喜欢在房前屋后栽植树木，以此引来百鸟争鸣。早晨不许讲话，不许泼水，不许扫地，土家族人认为这会把财喜扫出门了；也不许开柜子，认为开了就要垮田坎。李家山土家族人从大年初一到十五，香盒上要放四个糍粑，每天要烧三炷香，烧香时，要敲三下磬。

燃月炮：初一早晨，土家族人在给祖宗烧香磕头时，往往要由娃儿在阶沿坎上竖起十二个大鞭炮代表十二个月（闰年则竖十三个），越大越好，用点燃的香签从左到右，逐一点燃。其中哪几个最响，就预示那几个月就风调雨顺，庄稼长势最好；如果个个都响，这一年就能五谷丰登、六畜兴旺。若其中有几个不响，那几个月就有灾情祸事。

喂狗：土家族人认为，粮食种子是远古时代被狗从海的另一边带来的。当时狗到海的另一边看到晒坝上晒着几席金灿灿的稻谷，就顺势上去滚了几滚，滚得满身都是谷种，但在过海时，被水冲走了，只尾巴上沾着几颗。土家族人把狗尾巴上的谷子作为种子，从此人有了吃的。所以，每当新粮食出来土家族人总要先让狗“尝新”，大年初一早晨也不例外。主人用一个洗净的木盆，里面分别摆上糍粑、豆腐、肉等，放在狗面前，让它自由选择食用。他们认为狗先吃哪种粮食，哪种粮食来年的价格就要高；若狗不吃，这一年各种粮食都要丰收，粮食多得连狗都吃不完。

拜祖坟：大年初一，吃过早饭后，家里的长辈就会带起全家老小上山拜祖坟。上山前要带上弯刀、锄头、香纸、爆竹。到了坟场，首先砍开刺蓬、枯草，然后烧上一大堆火，再点香化纸，燃放爆竹。凡是本家祖坟，都要逐一拜祭。祖坟周围若还有别家的坟，也要点上一炷香，烧上几张纸，表示对祖坟邻居的尊重，请他们和睦相处，共同保佑后代兴旺发达。拜完坟后，还要在坟的侧边新植一棵常青树，或给原先的风水树修理一下枝条。回家时，一定带回那些枝条，或带回其他的柴禾，意为空手出门，带柴（财）回家。

拜年：大年初一，开门祭拜祖先后，全家人都集中到中堂里，由主祭人逐一呼名“拜磕”（当地土语）自己的长辈，然后，按辈分先男后女逐一呼拜，辈分最低的要“拜磕”在场所有的人，称为“作排排揖”。对于没有收入的晚辈，长辈要给“压岁钱”。出门碰到熟人也要互相拜年，说声新年好。准女婿还要带上礼物去给女方家及直系亲属拜年。拜年的日子必须选在新年初二，表示好事成双，夫妻和好，也表示女婿有诚意。久而久之，初二成了土家族人给岳父母家拜年的固定日子。拜年的礼物通常为猪腿，还要用红纸条包一圈，意为吉祥圆满。另外还要准备几份猪肉，亲属一家一份，外搭6个糍粑或花甜粑。拜过年后，不论远近，岳父母都要留女婿耍几天。女婿回家时，岳父母及近亲都要打发“回礼”，一般为钱币或糍粑。姑娘则要给男方送两双新布鞋。鞋底全用白布粘贴，纳鞋底时，针脚要密、要细，纵横成行，中间纳成菱角形的图案，这叫做“有心鞋”。鞋面用青布做成美观大方的“圆口”式样，表示圆满和谐。小伙子要当着姑娘的面穿上这双新鞋，表示接受姑娘心意。

出灯：李家山在正月初四出灯，主要是花灯和马马灯。李家山土家族花灯内容丰富，有盘灯、开财门、万事兴、说春、说十二花园姐妹、上香、进花园、打花籽、采闹子、采花、采茶、散茶、倒茶、五更转、放羊、调兵、点兵、扫荡、扫刀、请四神等20余种。还有反映人民群众喜庆吉祥愿望的《寿延调》，歌颂男女间纯洁爱情的《五送郎》等。花灯由锣鼓伴奏。花灯用的锣比一般的锣大而厚，声音坚实，洪亮，

出灯

能传到很远的地方；勾锣清脆，声音尖而美，有跳跃之感；大锣泼辣、热烈，闷击时发出“扑扑”的声音，给人以铿锵欢快的感觉。常用的锣鼓曲牌有“单打五”“双打五”“凤点头”“鹰拍翅”“牛擦痒”“马咬牛”等。

花灯演出后，接下来就是马马灯。这是李家山的特色节目。马马灯的主要道具是一匹“小白马”和一辆“双轮车”。马以竹篾编织成形，然后糊上皮纸，用笔略加勾勒形成。表演时，将“马”捆在骑马演员腰间，“马”颈套上响铃，“马”头装上笼头，缀上大红花。车子也是用竹篾编织成形，两个车轮用皮纸糊成，前面扎一对脚，两侧配上车辕，夹在乘车演员腰间。马马灯的基本步伐是碎步、跑跳步、跑马步和四方步。马马灯的唱腔、锣鼓牌子和花灯相似，所以，花灯和马马灯往往是一起表演。跳马马灯一般需要12人，表演前演员排成丁字形。坐车的演员和骑马的演员在台口中间（马在右，车在左）；引路人头戴面具，手执马鞭；乘车人双手执帕，推车人在车子后面；牵马人腰捆红布带，手执大刀或金箍棒，嘴衔口哨，在马的右侧。表演时，引

马马灯

路的演员左手旋转红手帕，右手摇鞭引路；坐车人双手旋帕；牵马人扬鞭或舞刀，并有节奏地吹着口哨。车随人，马随车，从台口向台后顺时针绕一个 8 字形。回到台口时马到车的左侧，车到马的右侧，引路人到车子的右侧，牵马人到马的右侧，此时又逆时针向后台绕一个 8 字形回到原来的位置。同时开始沿前进或后退的路线演唱，进退多少次视唱词的多少而定。当马马灯在甲地表演结束或即将结束时，乙地燃放爆竹以示迎灯，骑马的演员即以跑马步狂奔到乙地，其他演员陆续跟上，又在乙地跳起来。

当地土家族人称初一为“小年”，称正月十五为“过大年”，所以大年前夕的“十四”是很忙的一天，故有“忙十四”的说法。除了舞龙灯、跳花灯、舞狮子以外，还有各村各寨开展的照五更、印毛虫、爆虼蚤、偷青、摇钱树、喂树粑等活动。

照五更：当地有句俗语：“三十夜的火，十四的灯。”正月十四这天刚落黑，各家各户不谋而合，都要把平素专备的松明油或松木块点燃起来，齐刷刷地排列在自家院坝上，每一堆相隔两米左右。这时由家里主要的成员出来，点几炷香放一串爆竹后，放开喉咙高喊："照五更，照五更，前照五更，后照五更，往年谷子结几颗，今年稻谷起索索；往年麦子细朵朵，今年麦子起坨坨；往年苞谷像鸡脑壳，今年苞谷像牛角；往年豆子用手剥，今年豆子用锯盖拖……"火龙纵横交错，喊声此起彼落，村村寨寨，显得热气腾腾。

印毛虫：正月十四这天晚上，村寨里的孩子会自动组合成印毛虫的队伍。他们用一只烂草鞋，拴上一条绳子，草鞋上插一炷点燃的香，由一个孩子牵着在前面跑，其余的人用瓦片端着石灰，紧紧追在草鞋后，一边抓石灰朝烂草鞋上扔去，一边大声地喊："印毛虫，印死你，你上天，你下地，火烧你；你钻孔，蛇咬你……"这群孩子逐家逐户地从房间、阴沟、院坝通过，把全寨的"毛虫"印完了，最后才将烂草鞋拖到寨子外去，拴在树上或压在石板下面，烧几张纸，将瓦片扑在纸灰上，方才回家。

爆蛇蚤：正月十四这天深夜里，土家族人会用锯末或地上的渣草

闹新年

女贞树叶

在院坝边上烧上一堆火，再把早先备好的女贞树枝叶（又叫爆蛇蚤树叶）陆续从火堆上拖过，使其发出“噼噼啪啪”的声音，同时爆树叶的小孩大声喊：“爆蛇蚤，爆蛇蚤，一爆老鼠，二爆蒲草……”爆蛇蚤，一般是一家人围成一堆，但有很多其他人家的小孩围观，七嘴八舌，有说有笑，闹个尽兴才散。

偷青：又叫偷汗菜，在正月十四的深夜里，家里有汗臭的人，要悄悄地摸到熟人家的菜园里，象征性地踩倒几蔸青菜，然后扯起一蔸青菜带走，次日菜园主人发现自家的菜被糟蹋被偷后便放开喉咙大声咒骂。偷青的人听到后不但不生气，反而还高兴，因为土家族人相信别人咒骂得越凶，自己身上的汗就越少。

扎摇钱树：正月十四这天，主人要砍来一枝女贞树椏，稳稳当当地插在院坝边上，挂上许多钱纸，然后把代表十二个月的十二支香点燃，一支一支地倒挂在树丫上，再点燃一支蜡烛别在树枝椏上，这就算栽好了摇钱树。接着，由一个大人教围着的孩子们喊：“院坝栽根摇钱树，屋里有个聚宝盆，一年摇它三百六十天，早晨落金晚落银。”

搓粑粑人：正月十四这天晚上，李家山家家户户都要蒸包子、搓汤圆。李家山的包子很讲究。首先，要用上好的糯米加工成糯米面，然后，用水揉成面团，随后在里面包山豆、豆腐、猪肉等，再放在蒸笼里蒸，就成了别具一格的土家族包子。在制作过程中，如果本寨有怀孕的妇女，这就成了各家的“喜”了。谁都想预先知道孕妇是生男还是生女，于是在搓汤圆时，有人暗暗搓成人形面团，不指名道姓，只是心里想着那位孕妇的形象，然后把人形面团放进热灰里一烧，熟后掏出来一看，便问大家这面团是男还是女。众人尽量发挥自己的想象力，如果这面团像男的，那就预示着孕妇要生男孩，否则，就生女孩。这面团只能让家里年岁最高的人吃，以示小孩出世后，也能长命富贵，文武双全。

喂树粑：正月十五这天，李家山家家户户都要派娃儿上山给果树喂粑粑。田贵华家也不例外。男孙田世川、田世黔来到果园，园里有一棵柿子树、一棵梨树，都是树龄百年以上的老树，其余均为新栽的李树、雪梨等。两个小孩一个端起粑粑、豆腐、肉等，另一个拿把斧头，来到果树下，先用斧头在树上砍一条缝，然后往缝里塞进一些粑粑和好菜，边塞两个小孩边对答。

一个问："结不结？"

一个答："结起索索串串了。"

又问："落不落？"

又答："不落，不落！结起坨坨。"

"甜不甜？"

"清甜。"

"塞上一坨粑，果子压弯椏。"

"塞上一块菜，结得早，熟得快！"

问答完后，两个小孩就走到另一棵果树下，同样先喂粑粑好菜，然后一问一答。一直到每棵果树都"吃饱"了饭菜，两个小孩才回家。喂树粑的目的，一是给果树"防水"，二是希望来年结的果实又多又大又甜。

送灯

送灯：所谓送灯，就是在正月十五夜里，向春节期间供人们欣赏、把玩的各种灯告别，举行“告别仪式”。若十五以后再玩灯，那灯就会被嘲笑为“厚脸灯”。正月十五的白天，要做好送灯神的各种准备。首先所有参与玩灯的人，按原来的职责把灯和各种灯具聚集在灯堂的院里或门口，土老师穿上法衣拿上练刀令牌等器物，在灯堂里作法，然后面对灯具作法跳舞。奠酒燃纸后把供奉的牌位放进去烧掉，而后大众一声吆喝，随着土老师向河坝走去。一路上用竹竿抬着几竿打开的“长钱”，放着爆竹，鼓角齐鸣，浩浩荡荡走到河边。人们把龙灯、狮子灯聚成一团，其余的灯围站在周围。作法完毕，便将灯具全部烧掉，意为送走瘟疫，所以送灯又叫“扫荡”。

送灯意味着李家山人过年活动的结束，开始了新一年的生活。

龙舟竞渡五月天

贵州土家族过端午节，都要举行龙舟竞赛、抢鸭子等活动。

乌江沿岸的思南、沿河、德江和锦江沿岸的江口、碧江等处土家族群众，把龙舟竞赛当成生活中一项重大的盛典，每年农历五月初四下午都就要举行庄严的祭祀仪式。仪式这天，由土家族山寨中德高望

土家龙舟

重的长辈，带领全寨老少敲锣打鼓，给龙舟披红带彩，在江边摆上香纸、供品，进行祭龙、饮龙水、开龙眼活动，以求龙神保佑年岁风调雨顺，五谷丰登，保佑竞赛平安、取胜。

刚涨端阳水的乌江上，波涛翻滚，两岸挤满了前来观看赛龙舟的人群。龙舟两条一组，准备比个高低。“铛”的一声锣响，霎时间锣鼓齐鸣，彩船如龙跃出江面，箭似地射向江心。

这是思南山城一年一度的龙舟竞赛。比赛前一个星期，乌江沿岸已洋溢着节日的欢乐气氛。各路船只纷纷组队，精选队员，检修船只，绑扎龙头，培训选手。还要派人采购雄壮的鸭子，精心喂养，让鸭子保持良好的状态迎接后面的“抢鸭子”环节。

初五清晨，数十只龙船分别从乌江上下游驶来。各船队员生龙活虎，身着一色的背心、短裤。如果船队中有那么几艘扎凤头、绑凤尾，队员身着花裙、短袖衣，那便是“娘子军”，被称为“凤船”。龙凤船一起下江，意味着龙凤呈祥、风调雨顺。船队进入指定区域，整装待发，指挥台号令一下，各路船队敲锣打鼓，摇旗呐喊，只见一双双手臂整齐划动，一支支船桨一齐翻起。顿时，浪花乱溅，船行如飞，两岸人山人海，加油声此起彼伏，响彻江畔。

跳水抢鸭

龙舟竞赛

一时间，鼓声雷雷，呐喊震天，土家族汉子的智慧和勤劳在母亲河里尽情挥洒。鼓声、喊声、江水、汗水，都记录着这盛大的节日。一条条蛟龙疾速游驰，一排排船桨奋力划动，划出了母亲河的魅力，划出了巴人的魂魄，划出了屈原的诗韵。在竞技中，土家族人仿佛获得了来自于远古的力量。当年，廪君就是凭着激流划舟和投掷飞剑的出众本领成了武落钟离山上多姓族落的首领。

龙船竞赛刚结束，“抢鸭子”又把活动推向了高潮。一时间，数百只鸭子被人先后抛向空中，飞向宽阔的江面，几十只龙船昂首翘尾，同时向有鸭子的地方划去。被追抢的鸭子嘎嘎大叫，惊惶失措，四处乱游。当队员们跳下船，猛扑过去时，鸭子或潜入水中，或拍打着翅膀连浮带飞地逃离。此时，船上、岸上欢声雷动，热闹非凡。有的观众情不自禁地向江面抛出粽粑、糖果，以示祝贺。

最后，以抢鸭子数多者为胜方，胜者被视为交了“龙运”，要披红挂彩，获赠奖品。

竖旗宰牛祭风神

祭风神，俗称“祭土神”，是印江土家族独具特色的民族习俗。土家族人认为祭风神能消除旱涝之灾，求得风调雨顺，五谷丰登，获得好收成。其实，祭风神就是自然崇拜与祖先崇拜的结合仪式，说到底，就是巴人的尚武精神与白虎崇拜在土家族现实生活中的再一次展现，诸如挂红、黑二旗，举大刀杀白牛等，就是借祖先巴人之魂灵来保佑获得好收成。

祭风神的历史源远流长，祭祀仪式神秘、隆重而热烈，参与人数多，规模宏大，影响广泛，堪称重大盛事。其起源于元朝元贞二年(1296年)，距今有七百多年历史。清道光年间《思南府续志》记载：“印江则于六月六日祭风神，或曰丰神，多以杨姓主其事，届日椎牛烹羔鸡鹅鱼肉，五牲毕具。跪拜仪节，迥与常殊，设楮旗于广场，曰大白小白，拜舞其前，士女倾城往观。”此俗在印江土家族苗族自治县板溪乡等地至今尚存。

据传元朝时印江县板溪上下洞巡检司长官任子元与秀山坪茶司杨姓长官的孙女杨氏婚配，因上下二洞山高坡陡，土地瘠薄，旱涝无收，杨氏不愿来此地居住，有谚语还这样说：“上下二洞田大丘，三年两不收；要想吃饱饭，不离岸水筧。”杨姓长官将祖上遗留下来的红、黑两面宝旗送给她说：“这旗能保你旱涝保收。天旱时，将黑旗挥三下，天则下雨；雨多则把红旗舞三次，当即云开日出。”自此以后，上下二洞年年风调雨顺，五谷丰登。后来不知这宝旗传到哪代时，由于小孩戏玩宝旗

祭风神

导致天变，引起一阵雷火将二旗烧毁。从此，该地又年年遭灾，只好又派人到坪茶求杨家想法挽回天意。杨姓中有一法师说，没有别的办法，只有设法祭风神。于是，祭风神就这样兴起来了。

祭风神的时间为农历六月六。祭之前，上下二洞、大堂坪、风神坳、岩底寨等村寨，要选出头人组织风神会（有会田二十多亩），准备供品，因为土家族人崇拜白虎，就要买一头象征白虎的大白牛和七十二牲（若七十二牲不齐，则多用鸡鸭代之），并精选高大的竹子做旗杆。

祭风神分大祭和小祭。大祭为十二年一次，上万人参加；小祭三年一次，参加者也有三千多人。祭坛设在下洞的风神堡上，中间有一棵枝叶繁茂的大枫树，被称为“神树”。树旁有一座白山寺，坛设于寺内正殿。坛上供雷公、电母、风伯、雨师四个神位。摆上供食之后，“土老司”披发执剑走进厨房，在灶前起神。灶前有一人执锅铲铲锅，一人舂擂钵，铲锅声和擂钵声象征雷雨来临。“土老司”起神敬毕，

祭风神“杀白人”

边歌边舞回到坛前做法。坛前两旁各立十二个陪着“土老司”祭神的人，每人头戴棕叶粘的尖斗笠，两手合十。两队列前各有一人，一个打鼓，一个敲锣作指挥。锣鼓同击三次，两列的人就要合手弯腰，向左边举手三次；接着打二槌又合手弯腰向右边举手三次。就这样，边歌边舞，左右来回表演，十分庄重严肃。动作不能错，旁观者不能笑，否则就要挨打，这表示要尊敬神灵。这种跳神表演叫敬“缀神”。

接着是竖旗。将两根旗杆排放在坛前，旗杆的顶端分别绑上红、黑二旗。“土老司”敬法以后，由两旁的人群各抬一根旗杆，旗不许触地，要不停步地抬到风神堡上竖立起来，哪边先到并且没有犯规，就奖给水酒一坛。旗竖起后，要等天下了雨才倒旗。

最后一道法事是杀牲。通常要杀鸡、狗、牛等牲畜。杀牲的人都是壮汉，抹花脸，穿短衣，先杀狗，再杀鸡等，最后杀牛。杀牛是整个杀牲活动中最精彩的一幕：几个头人在大祭前要先拈阄，看谁拈到的号数占先，就由谁磨三天的刀，于大祭时杀牛。祭时先用酒将牛灌醉，牛角牛尾挂上爆竹。祭毕，先将牛身上的爆竹点燃，使牛围着风神树转一圈，让其乱跑。杀牛的人手执大刀躲在牛必经之地，待牛跑拢，一刀将它砍倒。砍完之后，杀牛人要接着抛掉刀子，跳下河去躲避，称为“掩杀”。

法事结束后，要将牛及七十二牲的肉与米合煮成稀饭，由各寨头人领去，分给各家老小吃。土家族人认为，多吃就能年年吃上饱饭，吃少了就会饿饭，所以，大家都争着多吃。至今，这一带土家族人除祭风神外，还保持着早年间煮稀饭分食的民俗。

稻谷初黄去吃新

农历七月十五这天，是土家族的吃新节，又称“月半节”。贵州土家族人的吃新节每年要举行两次。过吃新节，主要是为了祭祀祖先。关于吃新节的来历，有一种传说是这样讲的：土家族祖先开荒辟草来到这里，为了族人能在一起安居乐业，付出了巨大的辛劳。后人为了纪念祖先，庆祝丰收，便在稻谷、苞谷、红苕、黄豆等大季作物即将成熟时，让祖先与后人共享劳动成果。他们收来一些新粮食，于七月

吃新

十三、十四、十五这三天中，随便选一日，将粮食煮熟后摆在大门外，同时摆上祭品，烧香化纸，举行祭祀。这样做，以示在外亡灵回到家乡“吃新”。到了晚上，还要备办些饭加水，烧些钱纸拌在里面，拿到山寨的路口或大树下泼洒，叫做“泼水饭”。表示在外亡灵要回去了，家人送一些盘缠让他们赶路。这是第一次“吃新”。土家族有“七月半，鬼乱窜”的说法。因此七月十五这天不要随便出门或到河里洗澡，要敬鬼，给鬼烧钱纸，以求人畜平安。除此之外还要放河灯，鸣鞭炮，乞求苍天保佑。

第二次吃新在重阳节举行，比第一次隆重，要打粑、推豆腐，供祭“家虎”。有“重阳不打粑，老虎要咬妈；重阳不推豆腐，老虎要咬舅母”的说法。

八月中秋偷瓜节

当中秋月圆升空时，土家族人就要“焚香拜月”、等待观看“天门开”，合家吃月饼，欢聚团圆。

在沿河土家族自治县，土家族人在中秋这天要举行“偷瓜”仪式。仪式有两种，一是“送瓜”，“送瓜”是指好友或邻居，去“偷”一个冬瓜送到久婚未孕的妇女的床上，用被子覆盖，让预先埋伏在床下的童男学婴儿啼哭，意在祝愿孕妇早生贵子。大多是一些成年妇女结伴将瓜送去，恣意逗乐。二是“偷瓜”，土家族久婚未孕的夫妇到中秋月夜，就要到别家瓜地里去偷瓜，摘下南瓜或冬瓜，学几声婴儿啼哭，然后将瓜拿回到家里，再将瓜让女人抱住睡一晚。次日，将瓜煮熟后，既不放油也不放盐，一口气吃下。据说这样一来，女人来年即可生一个胖嘟嘟的儿子。

中秋月夜偷瓜的习俗，来自一个传说。从前，土家族山寨有一对夫妇，憨厚勤劳，为人热情大方，爱做善事，很有人缘。但他们结婚二十年一直没有生育，周围的人都为他们着急。有一年中秋，几个好心的媳妇相邀在一家瓜园里偷了一个冬瓜，用红布包成婴儿的模样，就抱到他们家去。推开门，只见两口子默默无语地坐在家里，女的眼角上还挂了几颗泪珠。夫妇看见几个年轻媳妇嘻嘻哈哈走进来，忙抹去泪珠，招呼凳椅、茶水。

几个年轻媳妇抱着红布“婴儿”，直往房间里去，高高兴兴地把“婴儿”放在床上。随后，媳妇们就七嘴八舌地说开了：“大嫂，我们给你俩送儿来了，快去看看吧。”“大哥，送我们一杯喜酒喝吧。”两口子心里明白，乡亲们是怕他俩在合家团圆的日子里孤独、寂寞，故意说些好话安慰他们，就没太理睬，只是忙着端茶、倒水。

媳妇们看他们无动于衷，就急了，说：“你们还是去看看吧。”大嫂于是就走进屋去，打开红布，布里裹着一个肥冬瓜，灰不溜秋的，大嫂愁眉苦脸地转身要走。就在这一瞬间，大嫂的眼睛突然被床上的冬瓜发出的光亮刺了一下，她急忙返回去，恍恍惚惚地觉得冬瓜的正中腰慢慢裂开了一条缝。缝越来越大，里面有一个又白又胖的男孩在动。大嫂一把抱起男孩，惊喜地大声道：“我们有儿子了，有儿子了！”男人听女人在喊，也急忙走了进去。

其实，这儿子是神仙混在几个年轻媳妇里面送来的。

这件事很快在九湾十八村的土家族山寨传开了。从此，每年八月十五中秋夜，人们就去瓜地里偷瓜送给那些久婚未孕的夫妇，久而久之，形成了土家族的习俗。至今，这一习俗还在沿河土家族山寨流传。

甩神狂欢庆年节

古今中外，人们对神都是敬而远之，生怕敬不到位，给人们带来祸害，然而，乌江中游的思南板桥的土家族人却打破了这一戒律。在他们的节日里，神灵被请下神坛，不但来到人群中间与民同乐，而且成为人们戏耍的对象，被凡间百姓抛来甩去。神灵们似乎也任其胡闹从不生气，这就是极为特殊、耐人寻味的甩神节。

奇特的甩神节源于一个民间传说。相传板桥古时有棵高大、茂盛的双杈古树，遮阴避日，被土家族人奉为“神树”，荫佑一方平安。许多村民都把自己的小孩祭拜给“神树”做干儿干女。逢年过节，“神树”上都挂满了红布条条，就连久婚不育的夫妇，也要到树下来，烧香磕头，以乞求儿女。路人常聚于树下，喝水纳凉，摆龙门阵。后来神树枯倒，夜放辉光，并托梦给村人，说自己深感寂寞。于是村中长老商议，将神树树干雕刻成像，名为“甩神”，约定每年正月十四，凡人与其同乐，让其享受一天俗世的快乐。

甩神节的序幕在每年正月初九拉开。初九这天，板桥土家族人就要到庙宇里将神灵请下神位，送到百姓家里，享受百家供奉。到了正

甩神

月十四，人们为甩神换上新衣，用特制的轿子，将甩神恭恭敬敬抬到甩神坝。和甩神一起来的，还有其他陪神。

被请的甩神主要有两尊，一男一女，其他寺庙中的主神，则被抬去做陪神。甩神节这天，周围村寨的龙灯、狮子灯、马灯、蚌壳灯等都要前来助兴，仿佛一场神仙和凡人的联欢大会，热闹非常。

举行“甩神”仪式时，坝子里要摆好祭品，通常为一头全猪加上果品之类，仪式庄严而肃穆。然后，全猪被分割成块，分给在场的人。土家族人相信，吃过甩神享用过的猪肉，能消灾祈福，人畜平安。

所有循规蹈矩的祭祀仪式结束后，甩神节才真正进入正题——甩神！

此时，人们把平时只能仰视的甩神抱到手中，像抱起一个需要呵护的襁褓中的婴儿，然后戏谑地高高抛起，从甲传到乙，从丙传到丁，每个人都与神灵来一回亲密接触，那甩神从供奉的对象变成了凡人手中彻头彻尾的玩具。但它似乎也因此消除了在仙界的冷清与寂寞，其乐融融地融入了快乐的人间生活。此起彼伏的“喔嗬嗬、喔嗬嗬”的甩神号子，一阵高过一阵，山野成了狂欢的海洋。而助兴的龙灯、狮子灯、马灯、蚌壳灯早已按捺不住，此番一起登场，各展绝招，精彩纷呈。坝子里锣鼓齐鸣，鞭炮震天。尽兴狂欢的甩神结束后，龙灯狮子灯还要连夜继续。

正月十五过后，生活才恢复常态，人们又恭恭敬敬抬起甩神，送回庙宇，将它复归神位，等待来年。

甩神节古时由板桥四大庙会轮流举办，各会均有会田会产，每年收入专用于轮流抬甩神的经费；此外也有民间为求福许愿，独家捐资抬甩神的。

FENGQING
风情

HUSU
虎俗

满怀激情迎新生

贵州土家族都有在生子时要赶往娘家报喜的习俗。如沿河、印江、德江一带的土家族生了孩子后，要由女婿抱一只鸡去岳母家报喜。若抱去一只公鸡，表示生男；抱去母鸡，表示生女，这种习俗叫做“打三朝”，就是说生下小孩后三天之内，男方就得去岳父母家报喜。在思南土家族中还有提酒壶、拿鸡蛋等报喜的。除报喜外，还要做“月米酒”（亦称“红蛋酒”）。这是指在生子后男方家要备办酒肉，请岳家的三亲六戚来喝酒。岳家在接到女婿报喜后，往往要在婴儿满月内，广邀亲朋，选择吉日，带上大米、肉、鸡蛋和按一定尺寸、花纹图案、色调配合的背带、围裙、围帕等婴儿用品到女婿家“送月米”以示庆祝，男方则要摆酒席款待。

土家族为了让婴儿茁壮成长，都有寄拜的习俗。在小孩出生不久后，就要抱上婴儿并带上香纸去寄拜大树、石头或水井等为“干爹”，并称之“石保爷”“树保爷”“水保爷”等。有的小孩就以此命名，如岩保、水保等。之后，还要拜有儿女的叔辈为“干爹”。寄拜要由小孩父母首先提出，若对方同意便可寄拜。寄拜时，小孩父母要带上小孩，并且要带上十分丰盛的礼品前往（一般为腊肉猪腿、新布鞋两双及其他礼品），干爹则要给小孩取姓名（与干爹同姓，并按其宗族的字辈取名），赠给小孩一套碗筷，一套衣服，表示分给小孩一份自己的“衣禄”。至此后，两家大人便成了兄弟姐妹，小孩亦如此，并且干爹家的小孩及干爹干妈以至同族人只呼其本族的名字，不再以其原有的姓名呼之。为保佑小孩子顺利成长，有的人家还要打一把银锁圈或铜锁圈戴到小孩的脖子上，以示镇妖避邪，消灾除病。

另外，小孩满周岁时，还要办“满岁酒”，穿“百家衣”“抓周”等活动。

树保爷

异彩纷呈办婚事

“改土归流”前，土家族还保留着许多残存的原始婚俗，男女婚配较自由。有史料记载：“土司地方处在万山之中……男女同行，无拘亲疏，不分男女，以歌为媒。”这说明早期土家族青年男女多是以歌调情，以对歌为媒的自由婚配为主。

在贵州土家族的旧式婚姻中，“表亲婚”十分流行。土家族认为姑舅、姨表开亲是天经天义，亲上加亲，可以使夫妻关系更加和睦，婆媳关系更加融洽，家庭关系更加稳固。表亲婚又称姑舅表亲婚，即舅家娶姑家女儿为媳，有所谓“舅家女，隔河叫”，“姑家女，伸手取”的说法，土家族称之为“还骨种”。甚至还有姑、舅两家儿女互相婚配的现象，这在土家族称之为“扁担亲”“连盖亲”。

旧式婚俗中，早婚和童养媳现象也十分严重。有所谓“早栽秧早打谷，早接媳妇早享福”的说法。结婚年龄一般在16~20岁，亦有因家贫将未成年女子送往男家作童养媳的，称“闲帮姑”“闲帮媳妇”。

“招郎上门”：这是指女家如无男孩，为保存家业和年老有所依靠，即采取女儿不出门，招郎入赘女家，生儿育女，继承家业，此俗至今仍然保留。

“招夫上门”：是指妇女带子守寡，其家境比较富裕，或其他原因而不愿离开，但家中又缺乏劳动力，于是，就招夫上门重新组成家庭的情况。但在过去，这种招夫上门的婚俗也不是当事人能够做主的，往往要通过前夫的族人同意，所招的“夫”也要通过他们同意，或由他们择定，所以，尽管妇女已是第二次结婚，但仍然没有摆脱被包办的命运。

“以亲换亲”：又称为“换板凳亲”。此种婚姻，多由于男方家贫，或因身体缺陷而择偶困难，于是父母为了给儿子找对象，即以自己的女儿换对方的女儿作媳妇，形成换亲。

“坐床”“填房”（或称“转房”）：“坐床”即为“兄亡收嫂，弟亡收弟媳”。“填房”即妻死后，又续娶其妹。

“抢亲”：这种情况在上世纪初的贵州土家族中还有残余。一种情况是男女自由恋爱遭到父母反对，男方便把女方约出来，制造“抢婚”假象，逼迫女方父母答应。另一种情况是男方族大，由族内人帮助寻

迎亲

找女性。一旦盯上有合适的，而女方家又势单力薄，男方族人就进行抢亲。

除此，在乌江流域的下游曾有“一子双祧”的习俗，即上一辈两兄弟只有一个儿子，而两弟兄都想使自己这一支能够后继有人，于是就各给这唯一的儿子找一个媳妇，形成一夫两妻，而两个妻子各居一室，丈夫则一家住一段时间，有了小孩各归各家。

土家族还流传着特定的某两种姓氏之间不能通婚的习俗。其中如沿河县的田、陈，罗、任，谭、覃，道真的韩、何，张、邓等姓不能互通婚姻。据传这些姓氏其祖先有的本来就是亲兄弟。还有的是因仇杀不止而不开亲的，还有的是因前辈异姓却感情笃实，结拜为兄弟，互相将其子孙要视作嫡出，故也不能开亲。这种忌讳有些仍保留至今。

随着社会的进步和经济的发展，土家族的婚姻家庭观念也有了较大的改变，像姑舅、姨表婚等这样的传统习俗已大为减少。如今的土家族实行一夫一妻制，以小家庭居多，男女在家庭中的地位比较平等。

对歌定情

贵州土家族的青年男女如今喜欢通过各种不同的社交活动寻找异性朋友谈情说爱。如每年正月期间“玩摆手”就是青年男女互相认识，谈情说爱的场合，青年男女在这里用唱歌、跳舞相爱定情。若发生两男争一女或诸男争一女的情况，女子就让男子们进行比武、射箭、摔跤等，谁胜了谁就是她选中的配偶。

贵州土家族订婚大多讲究“三媒”“六证”。

媒人前去提亲时，必须带上一把红纸雨伞，称之“团圆伞”，它象征吉祥、圆满，土家族相信带伞去行媒，亲事必定能成。因而，无论天晴下雨，路途远近，媒人提亲都要带上一把大红纸伞。第一次提亲叫下头书（亦称荒书），去时要带上一封红书，一壶酒，一把面条，七尺布等聘礼。如果女方退还书单，不收聘礼，说明不同意这门亲事，反之，则视为认可。接着就要选定日子，请媒人下二封书（称准书）。去的时候要在头封书聘礼的基础上，加上一条猪肉。若女方家的堂公、伯叔等亲戚没有意见，并乐意收下聘礼，说明这门亲事成了。之后，谋人又要去下第三封书（叫烧香）。这时的聘礼就要升格了，要有猪肘子、衣服、手镯，每家亲戚还得有一份条方（长条状的猪肉，肉条中间有一小圈红纸）、挂面。烧香纸后，女方家要发红书。亲事确立后任何一方都不得反悔，男方和女方在称呼上开始互相喊对方父母为亲爷亲娘，双方父母则互称亲家。

待双方达到婚龄时就由男方下书请庚。请庚就是向女方讨要姑娘确切的生辰八字，将女方出生年月日时辰拿回来，与男方的生辰八字对照，选定婚期。婚期一经确定，就要递年月，即父母、男方、媒人一同前往女方家，并抬上一头肥猪。返回时，女方要送男方一双布鞋。

之后，双方各自就忙碌起来了。男方要做好迎亲的准备，备好新房，打好喜床，备好过礼的酒肉、礼布和送给新娘的裙、鞋子、首饰、钱等；而女方则要准备嫁妆，一般是柜、桌、椅、箱等全套家具和十二床被条。

女方还要为舅方长辈和自家侄儿、侄女做一双布鞋。

土家族人迎亲较为复杂，主要有以下仪式。过礼：订好日子后在娶亲前三天，男方家派人将酒肉和新娘衣服送到女方家，称为“过礼”。而女方家收到礼后，会将其中的酒肉等分送给亲戚。哭嫁：这是土家族婚俗中较为隆重的一幕，下节有专文介绍。接亲：接亲那天，女方根据嫁妆来定男方派多少人来接亲。男方家出花轿前来接亲，媒人在前领队，跟在后面的是管礼先生。新娘出门前女方家要在堂屋摆香火，地上放一个升子，新娘站到升子上，其兄弟背她出门槛。在出娘家时新娘要拿筷子往自己背后甩，这意思是把衣食饭碗留在娘家。然后在大门外给新娘换上一双绣花鞋，这时新娘就可以双脚落地，开步启程。这里由兄弟背新娘上轿，其实是有用意的。土家族人认为新娘脚若踩在地上，沾上娘家地气会把福禄带走，让兄弟受穷。于是只好由兄弟背上轿。踩升子意为早生子，快生子，一生平安一生幸福。甩了一把筷子，还要带走十二双筷子，是希望新娘到了婆家同样有衣穿有饭吃。回车马：在花轿未到之前，新郎家要在院坝边的必经之路上，摆放一

摆礼

张小桌，桌上放一个猪头、一壶酒、两只酒杯和香纸烛。待花轿到桌前，掌礼先生便要燃香焚纸，这就是回车马。为什么要举行这个仪式呢？土家族人认为，新娘出嫁，娘家的祖宗神灵一路护新娘平安到了婆家，婆家祖宗神灵就该出来相迎并行保护之责，而娘家祖宗此时便被请回转，并把沿途跟来的饿殍野鬼打发回，以保主家清静平安，新婚夫妇白头偕老。拜堂：回完车马后，要将花轿抬到大门口落轿。新娘下轿前，事先要在大门槛下放一个米筛，筛内放一封红书，红书四角放四枚方口铜钱。新娘下轿时，必须一步跨过米筛。这叫“过关”，亦叫“过河”。通过这一程序，表示新娘洗掉了身上的尘土污垢及邪气，带着吉祥、带着幸福走向了新生活。新娘由接纳婆牵着下轿，走到堂屋中央与新郎并排而立，先跪拜祖宗，再按排好的名字，以辈分和年龄大小为顺序行“磕拜”之礼。入洞房：拜完堂，夫妇抢先入洞房，争坐婚床左边，这叫“抢床”。土家族人认为谁抢到左边，以后就该谁当家。接着新郎双手揭去新娘头上的盖头帕，新娘拿掉胸前的护身镜，以示

拜堂

一身清洁如镜，乐意到婆家。紧接着，接纳婆在洞房内点烛燃纸，对新郎新娘说一些祝福的话，敬新郎新娘喜酒。然后劝新郎新娘共饮同心酒，祝福夫妇白头偕老。喝完同心酒，接纳婆开始向床上撒接纳果，边撒要边说“核桃上床，儿孙满堂”“板栗下地，个个长成器”等等。喜床的四角，要放桐籽米或橙子。这一切都寓意着早生贵子早成才。闹新房：这主要体现在一个“闹”字上。按土家族风俗，新婚三天，不分尊长老幼，皆可说笑取乐。即所谓“越闹越发达，越闹越兴旺”。闹新房时，众人要么尽情地开新郎新娘的玩笑，要么唱歌做游戏，猜谜语，讲四言八句。总之，要闹得有气氛，闹得有水平。

贵州土家族新郎新娘有回拜娘家的习俗，称为回门，时间一般是在新娘过门三天后。此时男方要带礼物回女方家，礼物为条方、挂面、白糖、糖果等。长辈、堂下亲族各一份礼，凡得到礼物的亲戚，在姑娘返回婆家时，要打发钱，教育他们勤俭持家，兴家立业，男帮女撑，白头偕老，以示对晚辈的疼爱。

少女心底深处的倾诉

哭嫁是土家族婚俗中较为隆重的一幕。土家族人把婚礼叫红喜，把丧礼叫白喜，红喜号啕大哭，白喜却载歌载舞。喜中有悲，悲中有喜，这就是土家族人的人生哲学。土家族认为“不哭不热闹，不哭不兴旺”。亲朋好友前来送别，哭是一种礼貌。为了准备哭嫁，女孩从十一二岁就要开始学习哭嫁。哭嫁时，同村亲友的女孩也来陪哭。陪哭的人，哭得越伤心，越动听，越感人越好。在出嫁前，姑娘如果不会哭嫁，是会受到歧视和讥笑的。新娘从婚前三天就开始哭起。出门前一天要哭团圆酒。由妇女陪同哭。正如《沿河县志》所载：“新妇在母家当出阁时，摆列茶果请众亲戚。凡至者均须备礼物，或银钱，或货物，当设席就座时，一妇引出嫁女于席间，指曰‘此某也’。女即以手巾掩面而哭，另一妇执盆于旁，就席间取财物置盆中，转向他客哭，以得物为止。”“哭嫁歌”是土家族传统婚礼过程中新娘要唱的歌。

秋后农闲，正是土家族人娶亲嫁女的时节，每当走进土家族山寨时，常常能听到从新娘家传出新娘及其母、婶、姨、姑和同伴姊妹的阵阵哭声。这“哭嫁歌”声文辞巧妙，寓意深刻，有腔有调，起伏跌宕，悦耳动听，可以记之于谱，备之管弦。这是土家族妇女在以哭的形式抒发她们或悲或喜的感情。也就是说，“哭嫁歌”，除“哭”以外，更多的是热情洋溢的“歌”。诚然，封建社会盛行包办婚姻，但在土家族青年男女中，也有“歌为媒，舞为介”的婚配。如果有了意中人，就会通过对歌的形式，表达彼此之间的爱慕之情。双方若无二心，便由男方托媒到女方，正式“传话”求婚，女方长辈们若同意这门亲事，姑娘就要到男方家去“看人户”。经过多次交往最后才定下亲事。过去，出身贫寒的姑娘，由于种种原因，婚姻不能如愿以偿，“哭嫁歌”是发自内心的哭诉。可是，出身于富裕家庭的小姐，婚姻大多数还是比较满意的，然而出嫁时，她们也要“哭”。那么，为什么婚姻美满与不美满都要哭呢？其实这“哭”不是一般意义上的哭，是一种“喜哭”，

姐妹哭嫁

是对未来的一种特别的祝福。

土家族人认为不哭不发，哭，才能使新娘以后人丁兴旺，家业发达。哭父母时，除娱乐性外，还有一定的功利性，细听起来，里面有许多奥秘：

八仙轿子调了头，一股财气进了屋。
八仙轿子打了转，往后财宝都装满。
财是发来人兴旺，年年四季保平安。

娘哭女儿：

离了你苦命的爹，离了你苦命的娘。
拆了银桥换金桥，脱了蓝衫换紫袍。

由上述可见，这哭中充满了女儿对父母、父母对女儿的良好祝愿，这无疑都是最好的“喜哭”，哭嫁在这里的真实含义，正如白居易所云：“哭动喜福来，万事皆和谐。”这种“喜哭”还可以从“哭撒筷”中进一步得到印证。当新娘在灯笼火把照耀下，由兄长背上轿时，会礼节性地哭道：

一把火把亮堂堂，一把筷子十二双。
冤家出门鸟飞散，筷子落地有人捡。
哥哥捡去把福享，弟弟捡去压书箱。
妹妹捡去配鸾凤，老表捡去呈凤祥。

这哭，与其说是哭，倒不如说是一种吟咏。

“喜哭”的内容除哭嫁外，还有哭读书人、哭匠人、哭生意人等。如哭木匠：

年年有个三月三，木匠进屋是鲁班。
东家请你打嫁妆，西家请你立高房。
推刨推来一展平，墨线弹来四周清。
斧头砍起月亮架，绷锄绷起梭子形。
五洲四海把你请，个个都说你高明。

新娘在这里热情地歌颂了木匠的技巧、勤劳，是对劳动人民良好的祝福和讴歌。

梵净山麓的土家族姑娘出嫁时，堂屋里还要摆歌场，亲族中的女性都要前来“陪哭”，唱“哭嫁歌”，而且全寨男女老幼都会来参加伴唱、对歌。唱一首，由歌师发一根针，最后谁得的针多，谁就是受人夸奖的好歌手。在过去文化生活贫乏的土家族山寨，摆哭嫁歌场，实属一种别开生面的娱乐活动。

在这里，哭嫁成了唱歌比赛、智慧的检阅。要哭得好听，哭得感人，并能见景生情，随机应变，这确实是一门精深的技艺，一桩饶有风趣的乐事。难怪沿河的土家族姑娘搭上花帕伤伤心心哭过之后，还要揭开帕子向客人浅浅一笑，对送上的礼物夸奖几句：

送我箱子实在好，四边四角有花草。

上下雕起十样景，两边又配凤凰鸟。

如碰上表哥表嫂，还要开上几句玩笑，使场面更添上许多喜气。开玩笑，讲笑话，都会使喜庆的婚事更有趣味性和娱乐性。但对媒人和男方押礼先生，那玩笑就开得有点受不了。如“骂媒人”：

媒人是条哄嘴狗，这头吃了吃那头。

欢喜哭嫁

树上鸟儿骗得下，岩上猴儿哄得走。

短短几句，形象、生动地描绘了媒人婆的精于言辞。这种玩笑可算淋漓尽致，寓哲理于荒诞，寄讽刺于幽默，具有强烈的艺术效果和娱乐性。土家族“哭嫁歌”是世代流传的富有情趣的长歌，是撑起土家族文学艺术的一根支柱，是祖国民间艺术园地的一朵奇葩。

生命从刀梯上走过

上刀梯，原本是土家族人在为满十二岁的孩子还“过关愿”时举行的仪式。它意味着孩子闯过了人生旅途的关隘，已是成年人了，经过这一关，必将长命百岁、富贵双全。为了制造“过关”的惊险气氛，土老司们把傩戏中的传统技艺——上刀梯运用到过关仪式中来，后来又慢慢地推广到其他重要活动中。每当土家族山寨过年过节，或逢重要的日子，都可以看见土家族勇士进行上刀梯的表演。

土家族刀梯，分“地刀”和“天刀”两种。踩地刀是将三十六把（也有十二把或二十四把的）锋利的杀猪刀装在刀杆上，平放地面，刀刃朝上，祭祀时，“土老司”打着赤脚，牵着过关童子从刀上走过。

当然，土家族人更喜欢的是上天刀。上天刀是将刀杆竖插在地上，人踩着刀刃往上爬。为什么要把刀梯竖起来？土家族人认为刀梯就是一棵枝叶繁茂的生命树。对树的崇拜，在巴文化中占有重要的地位。巴人把树作为一种通天的工具，象征着理想，象征着天堂。1987年，考古工作者在重庆市的万州发掘出土的巴人的虎钮錞于，上面刻着许多神秘的象形的“图语”，其中一个船形图案上的“中”字形象吸引众人的眼球，“中”字形象上端还有一个“十”字符号。这件事久久困惑着文化工作者。待“三星堆”遗址中的“神树”出土后，人们一下子明白了。万州出土的虎钮錞于上的“中”和“十”字形象，是古代巴人心灵中的那片神秘世界。远古时期，太阳运行的方位是巴人灵魂观念形成的基础。太阳在白昼自东向西运行，夜晚潜入地球另一端自西向东返回，巴人认为在这个过程中，太阳行进在一个黑暗的世界，他们把死亡也理解为在这个黑暗世界中的一次穿越。这个黑暗的世界通常被认为是有着无边的大水，这来自于他们生存史中对洪水的记忆。

他们相信死亡就像太阳进入黑暗一样短暂，只要用船渡过黑暗的水域，就可以抵达理想中的世界。“图语”中的“中”字符号，代表神树，即天梯，“十”字符号代表太阳。太阳、神树，正是古代巴人通天的太阳树，发展到后来的土家族传统文化里，太阳树就是抵达天堂的天梯。土家族认为小孩满十二岁时，正赶上生病受灾之时，难以成人，这就得借助“神树”，即天梯，攀登上去。这就是土家族小孩“过关”时，要上刀梯的原因。

土家族人的刀梯上面横着 36 把杀猪刀，雪白锋利的刀刃都朝着上方，杆顶上还立着一柄银光闪烁的三角尖刀。上刀梯，通常为 12 岁的小孩许下过关愿之后，在还愿中举行的一场法事。未满 12 岁的孩子，则由“土老司”背着上刀梯；已满 12 岁的由土老师背其穿过的衣服上刀梯。这象征小孩已闯过阎王的 12 道关煞，此后易长成人。

上刀梯

仪式开始，“土老司”用香纸化了一碗法水，背上小孩所穿过的衣服和一把新伞，手持一支弯弯的水牛角，挽起裤脚，脱掉脚上的草鞋，赤脚在法水上荡了荡。然后又向嘴里倒了三杯酒。之后，“土老司”脸红脖子粗地走近刀杆，用手试试刀锋，微笑着向观众鞠了三躬，就开始上刀杆了。在众人的注视下，“土老司”毫无畏惧，如履平地。秋风微微吹起他的衣服后摆，像鼓满风的船帆。“土老司”手抓刀杆，脚踩着白晃晃的刀刃，迎刃而上，嘴里高声地唱道：

神圣降临来做主，早赴道场接三元。
步步踏在刀尖上，把把都是鬼门关。

此时观众的心都提到了嗓子眼上，人群中还时不时发出“哇哇”的惊叫声，而“土老司”像无事一般从容。他飞快地上到杆顶，伏下身去，胸脯压在竖起的刀尖上，四肢张开，像雄鹰展翅翱翔于夜空，刚健有力地旋转了三圈，然后站直身子，高声宣读傩坛文书。接着，不慌不忙拿出像一柄弯月似的牛角，吹响了三声。声音悠远而苍凉，振动着每个人的耳膜。突然，他掏出牛角，带出一团烈火，火光冲天。在熊熊的烈火中，他迅速地打开雨伞，纵身一跳，一团火焰包裹着的人体，如火球一般潇洒、自然，轻轻地落在刀杆八米之外，犹如向沉静的湖里投下了一块巨石，激起了阵阵浪花。顿时，场上长号奏起，锣鼓喧天，鞭炮齐鸣，欢呼雀跃的人群像潮水般涌动，把偌大的山寨似乎搅动了起来。

踩刀梯

有人说，上刀杆容易，下刀杆难。这话咋讲？“土老司”的纵身一跳，已经说明了问题。如果跳不出四米之外，重重地落在地上的刀尖上，那后果不堪设想。所以，主人家准备的那些寿衣、棺木什么的，都是为“土老司”准备的。早先还准备有马等牲畜，如果上刀梯者不死，还可骑着马将灾星带出山寨，这匹马也属于“土老司”了，如今这一环节也省略了。

狂歌劲舞送亡灵

阴阳先生

欢欢喜喜送亡人

闹丧

夜幕降临时，门外几声三眼铳响，划破深山夜空。沿河土家族自治县的一个土家山寨——洋荷坳，一场土家族丧礼正在隆重地举行。

丧礼主持人60多岁了，是晓景一带有名的“阴阳先生”。他喝了几杯酒，吃了一点饭菜后，又开始工作了。第二天逝者的棺柩就要上山落葬了，今晚歌师要唱跳通宵，院坝烧着火堆，房屋里外都点着白蜡烛，也围着街邻众乡亲和主家的亲戚。土家族人将这称之为“闹丧”，阴阳先生手持鼓槌落在大鼓上，发出“咚——咚——咚——”三声鼓响，并高声唱：“我打起鼓来，你出台！”

“嗬嗬，嗬嗬嗬，撒尔嗬哩！”五位歌师齐声吆喝，和着鼓点，舞蹈起来，肩、臂、腰协调地颤抖着，全身上下左右摆动，脚步轻盈。时而相互击掌，时而转肩擦背，时而蹲地打旋……歌声高亢豪放。四周围观的人们也不时地伴唱：

好个马儿天鞍配，好个歌师无对头。
说起唱歌就唱歌，说起推船就下河。
唱歌不怕歌师狠，推船不怕烂岩壳。
歌师狠，烂岩壳，捞姐不怕丈夫恶。

人死了是可悲的事、伤心的事，可是巴人及其后代却不这样认为。他们认为死，尤其是老人活到七十岁以上的高龄才去世，属于寿终正寝，是一件喜事，叫白喜，可以大操大办。更有一种说法，生贺喜、喜贺死。生与死都是可喜可贺的，生是死的开始，死是生的开始，如同春、夏、秋、冬四季更替一样。

院坝边上，摆着花花绿绿的钱笼幡伞、花圈，上空弥漫着焚烧香纸和放过鞭炮的烟雾。土家族山寨的人们都围拢了来，像办喜事一样热闹。

锣鼓紧一阵、慢一阵地敲打，几支长号对着天空"嘟——嘟"地吹着，这时的山寨夜晚多了几分喜气，空气也很快地活跃起来。土家族歌师们在灵柩前摆了一方大桌，上置酒壶、酒杯、歌书，一边敲鼓一边放开喉咙开始了整夜的歌唱。

举行白喜时要载歌载舞，以歌当哭，于是，有"闹丧歌舞"的习俗。这种习俗在土家族地区有着悠久的历史，据《隋书·地理志》记载，蛮人"始死，置尸馆舍，邻里少年多持弓箭，绕尸而歌，以箭扣弓为节，其歌词说平生事"。《夔府图经》也记载："父母初丧，鼙鼓以道哀……""闹丧歌舞"实际上就是土家族人开的小型的追悼会，客观上更像是一次敬老教育活动。逝者的丧礼已经进行了三天，明天就要安葬了，所以今天晚上，在堂屋里早已设置了席位，列了香案，陈了祭品，还供整猪整羊，点祖仪式已经到了尾声。随后，就要在灵堂设歌舞场了。首先是唱"闹丧歌"，然后进行跳丧。一般闹丧者为土家族山寨的歌师，跳丧者为"土老司"，观众均可参与。

跳丧

有些地方只唱不跳，有些地方只跳不唱，而乌江流域的大多数地方却是又唱又跳，目的都是为了“热热闹闹陪亡人，高高兴兴办丧事”。

闹丧歌形式多样，有“劝孝歌”“盘歌”“庚歌”“叙事歌”等。歌词内容从民族迁徙到社会现实，从历史人物到山川风情，从传说故事到猜谜打趣，从追述父母养育之恩到为人处世，东南西北都涉及。可以说，每首歌都有故事情节、历史典故，也有歌师演唱自身的感受，它充分体现了土家族人聪明能干，即兴而歌，善于抒情，见物唱情的特点。

“闹丧歌”主要用于歌颂死者、安慰生者和教育后人，曲子愁苦悲凉，动人肝肠。

歌师们一开始就唱道：“这个号儿不要了，下面又把丧鼓打。”他们在阴阳先生鼓点的指挥下，一歌接一歌，一曲接一曲，变换着舞步，把歌舞从一个高潮推向又一个高潮。因为逝者生前人缘好，又爱助人，来闹丧的人就特别多，就连那些围观的人们也按捺不住兴奋的心情，一个个接过歌唱，挤走闹得正欢的歌师，接着歌舞起来。有的干脆在堂屋外的场坝里另组一班，唱跳起来，不知是谁还用唢呐帮腔。顿时，屋里屋外的歌声在摇曳的烛光、柴火中，更为激昂，气势更为宏大。逝者的子女穿梭其间，给歌师点烟倒酒，忙得不亦乐乎。这些活儿子孙们是帮不上忙的，只是为那些“号丧”的妇女，递递手帕，倒倒水，或见“号丧”的哭在动情处，也抹抹眼睛，或跟着抽泣。

土家族老歌师

跳丧舞的男人们更是越跳越欢，大汗淋漓，后来干脆脱去上衣，裸露出强健的肌肉和身躯，一边喝酒，一边唱跳，如醉如痴，似癫似狂！他们几乎忘却了自我存在，完全沉湎于歌舞中。他们毫无禁忌，即兴而歌，看到啥，就唱啥，想到什么，就唱什么，从历史，到自然，到人类起源；从亡人一生，到在世的人的生存；从生产到生活到时政，从闲言趣事，到人类的爱情，包罗万象。摆手歌、船工号子、情歌、浑歌、劳动歌、生活歌，无所不包。所有的山歌、民歌、谜语、绕口令，只要变成丧鼓调都可以演唱。歌师们很会唱歌，有唱不完的歌，他们大都是逝者的常客，平时得到逝者的关照，逝者的为人，他们都心知肚明，他们的闹丧歌除了按游戏规则出牌外，还带有几分感情色彩。

阴阳先生捋了捋他那嘴巴上的山羊胡，手执鼓槌，重重地落在丧鼓上，随后高声唱道：

各位歌师都请坐，听我唱个开台歌。
年纪虽老撑不好鼓，声音不好喊不好歌。
全凭客们抬举我！

阴阳先生谦虚归谦虚，但也表明他不怕比歌，敢于挑战，善于应战。歌师们也惊讶这个干豇豆似的山羊胡老汉，白天敲了一天的“那摩”，晚上精力还那么旺盛。当然，这也是因为他与逝者曾有深厚的交情。若是其他人的葬礼，他都是让他的徒弟出场对歌。今晚阴阳先生亲自出马，一上场就带有挑战性，所以，甲歌师不甘下风，首先应战：

走进门来借鼓打，要打三六一十八。
左打三槌龙现爪，右手三槌虎现身。
打个鲤鱼跳龙门。

乙歌师是一个年富力强的土家汉子，见甲歌师比阴阳先生来得还直接，还痛快，于是也要和大家比试比试，就唱：

隔山唱歌隔山音，隔山唱歌是谁人？
葫芦开花好大胆，荞麦开花好空心。
招呼惊动歌师们！

丙歌师便直接挑起歌仗：

隔山唱歌隔山音，隔山唱歌是我们。
葫芦开花好大胆，荞麦开花好空心。
唱歌就是惊动歌师们。

歌师们一旦放开歌喉就一发不可收拾。

丧歌沿着峡谷走，所到之处，山川肃穆，鸟鸣终止，那种巴腔巴调，加进了许多如摆手歌、乌江号子的衬词，一句有时要好几分钟才能唱完。尾音绵长高亢，收束却极为快捷，像刀劈了下去，不知是唱的人嗓门好，还是调子本身长了翅膀，随便在哪个角落唱，不仅洋荷坳能听见，半条乌江也有那调子在飞。

巴人信巫、崇舞、尚武的精神，在现在土家族男人的歌舞中淋漓尽致地表现出来。所以，土家族男人的歌舞绝无矫情，他们列队踏歌，力透山野，黑色的头帕，藏青色的衣着，透着人性的强悍和历史的苍凉。

唱完《开场歌》后，就是与逝者生前交好的那些姐妹们上场了，她们用一块帕子遮住脸面就开始悲天恸地地号哭。这种哭丧其实也是以一种生离死别的悲痛情感表达对死者的哀悼。哭丧的歌词有固定和非固定两种，不同身份的人以不同的歌词随编随唱。多为歌颂死者生前为人、功绩和抚儿养女的事迹等。

为了不使场面过于悲哀，“哭丧”后，阴阳先生又组织大家跳绕棺舞。

葬礼场面

他身着法衣，头戴法帽，手持小鼓，第一个来到坛前，然后执铙钹、敲锣打鼓的徒弟相继入坛。在众“土老司”后面，舞者一手持引魂幡，一手捧亡者灵牌跟随其后。只见阴阳先生手举令牌往桌子上一击，后面的人便一字排开，向坛上叩首作揖，阴阳先生带引众人，左进右出绕棺柩一圈，徐步进入舞场。

此时，乐器弹奏声，鼓点锣声，“哦——扑”一声，同时响起，第二次跳舞开始了。几个土家族小伙都是土家族山寨顶棒的劳动力，他们这次跳的是虎舞。土家族人崇拜白虎，把白虎视为神灵，所以，几个小伙脱掉上衣，光着背，随着加快的鼓点，跳起了“猛虎下山”。这是丧舞中难度最大的一段舞蹈，也是最激动人心的一段舞蹈。众小伙跳一下捧场后，就只见两个小伙搂成一对，跳着跳着背贴到了一起。一小伙反手过去扳住对方双肩，借势屁股一撅，将对方抛入空中。被抛入空中的小伙，连翻几个空心筋斗，落到地上，接着又跳，十分惊险。这几个动作完全还原了古代巴人拼杀格斗的场面，大家看得怦然心动。

这段丧舞跳过后，又该歌师们出场了。此时，已是深夜两点左右，人们多少有些欣赏疲劳，而歌师们就得进行“闹丧”核心部分，其主

绕棺舞

要内容是颂扬逝者的功德，赞颂其生平事迹。歌师们在逝者灵前用叙事长歌，诸如《鹦哥吊孝》《十月怀胎》等来向晚辈演唱逝者一生的悲欢离合、功德福禄，追述逝者盘儿养女的辛劳，教育晚辈不要忘记父母养育之恩，也教育后生要孝敬老人。

土家族人通过“闹丧”中的“闹”，将悲痛化为欢乐，并掀起一阵又一阵歌舞高潮。街邻们因逝者死亡激起的种种情感，通过“闹”的喊声，得以充分宣泄。鼓声、唢呐声、鞭炮声，人群的鼓噪声与歌声交织在一起，灯火辉煌，如火如荼，大地似乎随之颤动，悠悠乌江峡谷中，响彻着逝者的闹丧的回音，人与天地浑然一体。那闹的呐喊又震荡着生者的心灵！一切都显得那么古朴，那么豪放，又是那么自然，“人生如月，月缺月圆”“人老死亡，天地自然”“生贺喜、喜贺死”。这就是“闹丧”仪式的全部内容。

“听见鼓槌响，脚板就发痒”，土家族人爱跳丧舞，逢丧必跳，其跳必狂。

洋荷坳跳丧舞的动作大多是模拟动物的动作而产生的。除“猛虎下山”外，还有“牛擦痒”“犀牛望月”“蜘蛛牵丝”“螺蛳结顶”“游龙戏水”“金猴偷桃”“土地神背反簸箕”“凤凰展翅”“燕儿衔泥”等。其动作模拟性强，生活气息浓郁。

整套跳丧舞蹈，在身体的动态上体现了“顺道、下沉、悠晃、颤动”的特点，使动作在收缩与伸展、推进与拽拉、挺身与曲身、摇摆与震颤、曲线运动与直线运动上，都充满了朴实憨厚、勇敢尚武、乐观豁达的民族风格。每一个舞蹈动作的完成时间，舞者都是凭着自己对曲牌、鼓乐、唱词的理解和感受，随情绪的变化而定长短，因而舞蹈动作有静如止水、动似狂潮的不同风采。

别具一格的红棺葬

为了使白喜更加喜气洋洋，在印江、思南的土家族人丧礼中还有红棺葬这样的习俗。红色，是欢乐喜庆的象征，土家族人把红色用在丧礼上，可见土家族人生死观的豁达。同时这也是巴人的遗风，认为人寿终正寝，是一件喜事，叫白喜，既然是喜事，何不用红棺葬？红棺葬究竟从何时兴起无文字可考，但从出土的墓葬看，早在明代万历年间，即有此举。

发丧

红棺，顾名思义，就是把棺材用红漆漆成红色。在封建时代，大概只有朝廷的人才有权享受红棺。那么印江、思南土家族人为何有这个“福分”呢？说起来还有一个神奇的传说呢。

抬红棺

很久以前，在印江一个叫半坡的土家族山寨里，住着一个姓曹的小伙子。他从小聪明伶俐，勤奋好学，赴京殿试，中了状元。皇帝甚觉惊讶，那贵州蛮夷之地，是个鬼都不生蛋的穷地方，竟然还出了状元，这真是怪事，便传旨召见曹状元。曹生正在喜头上，俗话说“人逢喜事精神爽”，他振作精神，从容地走进皇宫，拜见了皇帝。皇帝手拈龙须，双目微睁，仔细打量眼前这书生：这小子还真是浓眉大眼，器宇轩昂，确有几分英雄气概。皇帝打心眼里喜欢，就询问其家境如何。曹状元回答说：

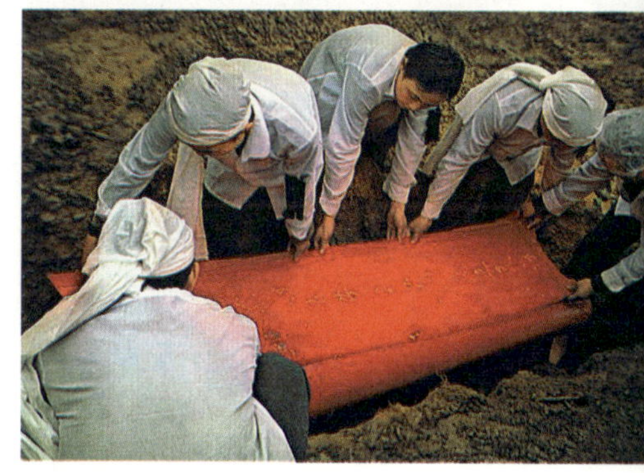
清棺

“家境不算宽裕，只有千柱落脚，

万马归槽，七十人煮饭，八十人挑水，三只盐船一天不下河，全家就要打淡。”

在朝文武官员听了无不为之震惊，有人悄悄向皇帝递眼色。皇帝早已吃惊不小，听曹状元讲着讲着，脸色突变，心里想，姓曹的有如此富足的家财，拥有千军万马，以后难免不生二心，不如趁早除掉他，以绝后患，于是手一挥：

“来人！将曹贼拿下，斩首。”

曹状元不知是哪股龙洞水发了，却已是人头落地，一命归天。

杀了曹状元，皇帝随即派兵前往半坡土家族山寨抄没其家产，围剿数以千计的“曹家军”。御林军风尘仆仆赶到曹家，并未见到曹状元家有什么气派的住宅，更无一兵一卒，恰恰相反，他家一贫如洗，难以为生。原来所谓“千柱落脚”乃高粱秆编织成的三脚棚棚；“万马归槽”是无数蚂蚁成群结队出入其家，以高粱秆脚下为巢；“七十人煮饭”是七十岁的老母煮饭；“八十人挑水”是八十岁的老父挑水；“三只盐船一天不下河，全家就要打淡”，全家靠三只鸭子下蛋换钱买盐，如果鸭子一天不下蛋，全家就无钱买盐吃，只得喝淡汤。

下葬

皇帝查明真情，知道杀错了人，深感惋惜。于是立刻追赐给曹状元以显赫的爵位，准以公侯盛礼，用红棺材将曹状元安葬，并赐给印江、思南土家族人使用红棺的特权，以示永远怀念曹状元。

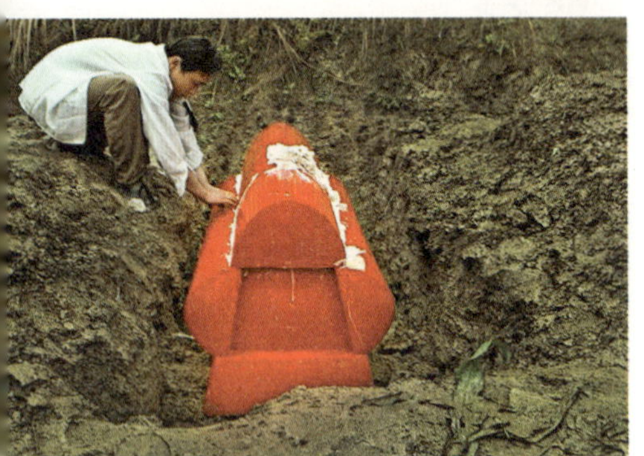

封棺

从此，印江、思南城乡土家族人凡出丧，除与其他地区土家族百姓一样奠祭死者亡灵外，还用红棺材安葬死者，直到今天。

BAIHU 白虎 YIYUN 艺韵

戴着面具跳傩戏

在傩老师的生活中，他时而是歌师，时而是舞者，时而是地道的农民，时而又是具有法力的通灵者。表演傩戏，首先要开洞。开洞才能演正戏。“开洞”，由掌坛师主持，由“地盘”请出唐氏太婆，打开桃园上、中、下三道洞门，请出二十四出戏。实际是二十四枚面具，每枚面具代表一个神灵，也就是一出戏。

傩文化带给我们的冲击，最直观最形象的便来源于傩面具。所以，有人称表演傩戏为戴着面具跳戏。当然，傩面具与一般戏里的面具不相同，傩戏面具都是被作为神祇看待的。面具，土家族人称“脸壳子”。每堂戏佩戴面具的数目及角色各地不尽相同，民间流传着“半堂戏十二面具，全堂戏二十四面具”之说，实际上并不拘泥于十二或二十四之数。

傩戏之乡

傩戏是傩堂戏的简称，又名傩愿戏或傩坛戏，是一种佩戴面具演出的宗教祭祀戏剧。傩戏起源于商周时期的方相氏驱傩活动，汉代以后，逐渐发展成为具有浓厚娱人色彩和戏乐成分的礼仪祀典。傩仪由于受到后来的民间歌舞、戏剧的影响，开始演变为旨在酬神还愿的傩堂戏。贵州土家族地区是傩戏品种最多的地方。尤其是被称为中国傩戏之乡的德江，至今仍保存有完整的傩戏班子及资料，并先后编印出版了《德江傩堂戏》《德江傩堂戏音乐、舞蹈集成》《民族民间三套集成》《舞蹈集成》《傩韵》（上下册）、《傩魂》等书籍，为研究傩戏提供了极其宝贵的文字资料。还建有傩文化陈列馆，展有古老面具300余面、神案50余幅、法器100余套（件），充分展示了德江土家族傩文化的古朴和完整。

傩堂戏面具的质料多为杨木和柳木，白杨木质轻，不易开裂；柳木在民间被认为是避邪之物，用它制作面具，有求吉祥之意。面具造型偏重写实，略有夸张，具有凝重实感。着色分为淡彩和重彩两类，淡彩以赭石或土黄作为底色，用黑色画眉毛、头发、冠帽，然后用熬制的桐油涂刷几遍；重彩常用红、蓝、黄、黑、绿、赭数色，多为土法制作的植物或矿物质颜料，也有用油漆涂绘的。这是土家族人与自然和神灵对话的方式。仿佛戴上面具，这些人就成了他们想成为的一切，红、蓝、黄、黑、绿、白……仿佛世界所有的颜色都集中在这里了。

傩堂戏面具，按其性格和形象，大体可分为“正神”、“凶神”、世俗人物和动物四种类型。

“正神”是善良而正直的神祇，这类面具无论男女老少、法力大小、职位

傩戏面具

高低，多面相温和，神情安详。如唐氏太婆、仙锋小姐、消灾和尚、文王卦师、地盘业主、梁山土地、刘备、柳毅、甘生、龙女等。

“凶神”是勇猛而凶悍的神祇，他们在傩堂戏中大都担负着捉妖拿鬼、驱邪逐疫的职能。他们的整体形象咄咄逼人。线条粗犷、奔放是凶神面具造型的共同特征。属于此类面具的角色有开路将军（开山莽将或开山大将）、二郎神、钟馗、周仓等。

代表世俗人物的面具分正面人物与丑角两种，正面人物面具的造型多五官端正、眉清目秀，表现出淳朴、忠厚的个性。如卖酒娘子、报福三郎、鞠躬老师、孟姜女、甘夫人、糜夫人、梅香、安安、姜师、金童、家丁、小二等。丑角面具则在写实的基础上突出滑稽的人物形象。如秦童、秦童娘子、算命先生、秋姑娘等。民间有“离了丑角不成戏，离了锣鼓不成剧”的谚语，可见丑角在傩堂戏中的重要地位。

此外，傩堂戏中还有少量动物面具，如猴王、牛头、马面等。常用的道具有令旗、牛角、师刀、牌带、令牌、神鞭、神棍、宝剑、卦子、木鱼、神鼓等，它们的大小、尺寸、图案、质地都有严格规定，有其象征意义，其来历大都有一个神奇的传说。这些道具在傩事活动中有

山乡傩戏法师

重要地位，它是沟通人神交往的中介和符号。

傩堂戏的服饰古朴简单，主要有三大件：头扎，掌坛师的冠；法衣，又称朝服或礼衣，法衣一般是白底红色图案，青布镶边；法裙，分八幅罗裙、太极罗裙、山河社稷罗裙等。

傩堂戏的演出一般是在需要冲傩还愿的人家堂屋里进行。为了制造一种森严、肃穆的环境气氛，把观众引入神秘的宗教境界，表演时“土老司”要精心地布置神案。

傩堂戏分为正戏和外戏。主要剧目是傩堂正戏，即还愿仪式中戴面具表演的二十四戏，又分为前十二戏、后十二戏，它同傩坛祭祀紧密结合，共同完成祈祷酬神的任务。

法师们认为戏神分别被关在桃园三洞里，负责掌管三洞的是玉皇大帝亲自封派的唐氏太婆，故傩坛每次唱戏都要到桃园三洞请唐氏太婆开洞，放出二十四戏之神。江口、德江、沿河等县在“开洞”时还有“开红山”的仪式。“土老司”将额头划条口子，把血滴在神祇与祖先名字上以祭奠，显然是土家族先人“杀生祭祖”习俗的遗风。

老艺人将正戏分为“上洞”、“中洞”与“下洞”三部分。

“上洞”包括《扫地和尚》《开洞》《开路将军》《点名仙官》《引兵土地》《押兵仙师》《水路神祇》等，其内容都是为宗教服务的，

傩戏道具

是傩坛祭祀的继续。

“中洞”部分的主要剧目是《甘生赴考》，这是一个由若干片断连缀而成的“串戏”，包括《甘生八郎》《杀牲九郎》《算命郎君》《九州和尚》《王婆卖酒》《打菜仙姑》《牛高卖药》7个片断，总称《买猪》。同“上洞”相比，这些戏有了明显的不同。首先，剧中角色已由一人发展到数人，表演上已由一人念唱说做变为有对话，有简单的分场，形成在一个主题贯穿下，由多个片断组成的“串戏”。这种形式可长可短，可多可少，十分灵活。傩堂戏历来是通宵达旦演出的，常根据主人家和观众的情绪来确定演出的内容。如《买猪》就是通过一个叫甘生的书生与帮他挑担的秦童，在赴京投考途中所发生的一系列事件展开的。如果主人家高兴，观众情绪好，演员可在“条纲”之内任意发挥，反之则可压缩。戏中秦童是个秃头、歪嘴、驼背的丑角，他的怪相怪动作怪腔怪调，加上甘生不时用猪尿脬打他的秃头，时时引起观众的捧腹大笑。这种粗犷、通俗、滑稽的表演，是土家族人民审美情趣的具体反映。

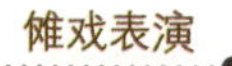
傩戏表演

傩戏表演

“下洞”的内容多为收邪斩魔追、鬼打鬼，包括《开山将军》《二郎器镇宅》《钟馗戏判》等。这些戏虽然也有人物、情节，但除称名道姓与冥冥祭语之外，大多没有道白和对话，全由装扮的鬼神在起伏变化的锣鼓声中作哑剧式的表演。过去法师表演技术很高，不仅能腾空跳跃，还能隐形匿影，加上鬼神面具狰狞凶悍、咄咄逼人，气氛阴森恐怖，所以在群众中有“鬼戏”之称。

除“三洞”正戏之外，还有一些古老的傩堂戏剧目常常与“三洞”正戏并列出现。它们也具有正戏的特点，如装扮上必须戴面具；内容上带有宗教色彩；演出背景同样要有神案布局和三清神佛图等。土家族群众称之为后十二戏。包括《安安送米》《柳毅传书》《董永卖身》《孟姜女送寒衣》等，上述四个戏中的“庞氏女”“龙女”“七仙女”“孟姜女”在群众中影响极大，有“傩坛四女”之说，明显反映了汉文化对土家族傩戏的影响。

安安送米

系明传奇《跃鲤记》的一折。叙述了书生姜诗，误信谗言，迫于母命，将妻庞三娘休弃。三娘无颜回归母家，只得寄迹尼姑庵中。其子安安年方七岁，思母情切，瞒过祖母，负米至庵奉母，并一再求母回家。三娘虽有爱子之心，但迫于封建礼法，欲归不得，只得婉劝安安回家，母子洒泪而别。

《安安送米》是一出较为完整的大戏。无论在人物、情节、剧本结构或表演方面都显得较为完整与成熟。从内容看这是一个以惩恶扬善为主题、表现普通人民生活的故事。戏剧通过一个典型的社会底层妇女庞氏，在以秋姑婆为代表的封建势力的迫害下，与其恩爱丈夫姜师的悲欢离合故事，反映了封建社会中，广大妇女被封建礼教残酷迫害的现实。《安安送米》的出现说明傩堂戏已有一个巨大的飞跃，其题材已从巫教祭祀、神话故事，发展成反映现实生活，逐步形成为具有自身特点的少数民族地方剧种。

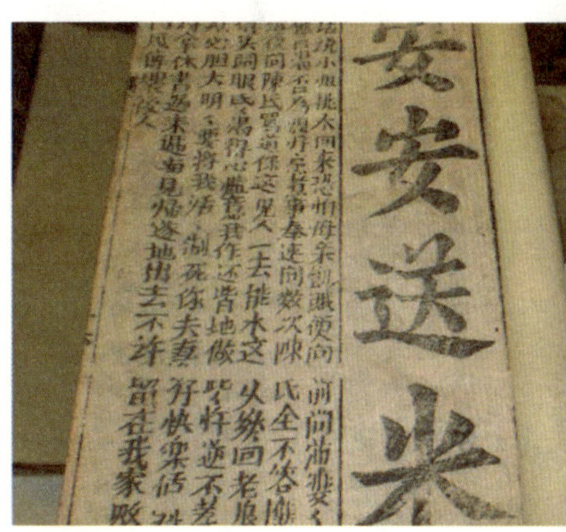

清代戏本

傩堂戏是一种祭祀仪式与戏剧相

结合的艺术形式。它的仪式是通过歌舞戏剧去完成的，而在其戏剧表演中又夹杂着还愿祭祀的内容。可谓戏中有祭、祭中有戏。这种古老的艺术形式保留着表演艺术由祭祀、歌舞、说唱向戏曲演变过程中的某些原始面貌。

歌舞方面，无论在傩堂祭祀或戏剧表演中，均有传统歌舞出现，其表演都已程式化。歌唱以一唱众和的形式为主，唱腔多属一个曲调多段唱词上下句结构的反复，段与段之间全由锣鼓过渡，伴奏乐器不用弦乐，是“人声帮腔、锣鼓伴奏”，故傩堂戏又称“打锣腔”。舞蹈有单人、双人、三人及多人带有原始色彩的巫舞。

傩堂正戏中不少节目以说唱的形式来演绎，通常由一个人表演。在叙述较为曲折的故事时，演员常常要表演几个角色的声腔动作，因而对技巧要求很高。一般是说一段故事唱一段曲子，说说唱唱不断反复。从傩堂正戏的剧本也可看到这种说唱性，如人物出场时均有诙谐的韵白；称名道姓时有模式化的格式；唱词多为七字句韵文，语言质朴粗率，接近群众口语，易听易懂；保留着土家族的一些称谓与地名；采用了谚语谐言，吟诗作对等语言技巧。

至于戏剧因素，傩堂正戏中真正称得上戏曲的节目并不多。有的节目虽然有人物，有情节，有不同唱腔，但由于受巫教祭祀的限制，戏剧内容往往很不完整，戏剧冲突也极淡薄，只能说是戏剧发展的雏形。表现为这些戏剧因素多是为请神还愿直接服务的，且滑稽戏的痕迹较多，明显属于自娱性的初级戏剧表演性质。

傩堂正戏的演出一般都在“还愿”户主的堂屋或晒坝进行，以堂屋的“香火”与晒坝后的大门为背景。背景均要布置“神案”，神案布置十分肃穆，前面是一个竹扎的彩楼牌坊叫“三宝龛”。“三宝龛”排楼内设有神案桌，上面供奉着傩爷傩娘木雕神像，桌上还放着朝牌、令牌、师牌、牛角、师刀、玉印、马鞭、头扎等法器，神案桌下供着地傩小山神像，神案背后是悬挂彩画的“三清图”、玉皇大帝、王灵官等神像，以及傩堂祖师图。这些奇特的舞台背景并非剧情需要，完全是巫教祭祀的神堂布局了。

乌江号子划长空

被称为江歌的乌江号子（已被列入贵州省非物质文化遗产名录），是行吟在时空深处的歌谣，宛如千里乌江上的天籁，蕴含着一种与生俱来的苍凉。

乌江河道峡谷连绵，滩多水急，船筏难行，民间有“乌江滩连滩，十船九打烂”之说，亦称“乌江天险”。在乌江行船，需要撑篙、划桨、扳桡、拉纤等多种水上劳动方式的配合。乌江号子是乌江船工们为统一动作和节奏，由号工领唱，众船工帮腔、合唱的一种一领众和式的民间歌唱形式。船工们根据水流急缓和劳动强度的大小，为统一指挥、协调动作、避免事故而喊唱不同的号子。号子的唱词多是船工即兴创作而成，往往以沿江的地名、物产、历史、人文景观为题进行

乌江船工

乌江船工

编创，采用比拟夸张等手法，种类较多，主要有“开船号子”“钩船号子”“过河号子”“扬花号子”“平水号子”“横梢号子”“收纤号子”“出艄号子”“上水号子”“下滩号子”“盘滩号子”“夺夺号子”等二十多种曲调。总体上具有雄壮激越的音调，又有悦耳抒情的旋律，在行船中起着统一摇橹、扳舵和调剂船工情绪的作用。

乌江号子高亢、粗犷、质朴。除了一领众和的二声部结构外，还有为数较多的，加副领唱形成的双领众和的三声部结构。这类号子非常有特点：其中第二声部为主腔，以陈述为主，具有完整的旋律；第一声部为衬腔，以抒咏为主，它时隐时现，对主腔起到陪补作用；三声部是和腔，深沉有力，是对领部的应和。乌江号子是我国民间合唱中比较有特色的衬腔复调音乐。

若在水势陡急处上滩时，号子是拉纤者统一行动的号令和闯滩的兴奋剂，“一声号子我一身汗，一声号子我一身胆”。船工们此时唱着“上滩号”或“盘滩号”，号子声扎实铿锵，高亢激昂，能压过咆哮的江水声，远传数十里外。它没有弱拍，也没有复杂歌词，音调非常简单，分三组五声部以衬腔呼应。整个号子均以和声式进行，进入高潮时，节奏加快一倍，气氛更加热烈。

如“上水号”中唱道：

领：天上落雨，合：吔含啦！
领：地下粑呀；合：吔含啦！
领：黄丝蚂蚁，合：吔含啦！
领：在搬家呀；合：吔含啦！

领：过路大人，合：咄含啦！
领：不睬我呀；合：咄含啦！
领：为我为女，合：咄含啦！
领：才搬家呀！合：咄含啦！

在水势平缓处或顺江而下时，船工们唱起“平滩号”“横艄号”“拖杠号”“出艄号”等。这些号子唱词完整，节奏较缓慢，其声悠扬婉转，轻松柔和，大都反映一定的社会生活内容，也有一部分是调节精神，娱乐和消遣。如：

情姐下河洗衣裳，两脚踩在石梁梁。
手拿棒槌朝天打，两眼望着少年郎。
棒槌打在姐指拇，痛就痛在郎心上。

为了调动劳动情绪，船工有时还借女人的腔调，唱一些诙谐打趣的调子，显示船工们的胸怀坦荡：

太阳去了岩搁岩，丈夫赶场还没来。
一来怕你吃酒醉，二来怕你滚下岩。
凉风绕绕好自在，要唱歌儿一起来。
一齐唱歌多开怀，唱得鸡毛沉河底，
唱得石头浮起来。

如反映船工的辛酸生活：

凉风吹来凉悠悠，连手推船下涪州。
有钱人在家中坐，哪知穷人忧和愁。
推船本是苦中苦，风里雨里去码头。

对爱情的向往，炽热而直接：

喜洋洋，闹洋洋，大城有个孙三娘，
膝下无儿单有女，端端是个乖姑娘。
少爷公子她不爱，心中只有拉船郎。

乌江号子是雄性的律动，原始的交响。乌江号子是贯通天地的大音，天人合一的绝唱，充分彰显了乌江船工豁达开朗的人生态度和幽默风趣的性格。

欢乐的土家族打击乐

被称为土家族交响乐的打溜子，又叫打家伙、打响器、打围鼓。这是流传在乌江流域和梵净山麓土家族聚居区的一种古老而优美的打击曲牌音乐，多用于庆贺年节、寿诞、乔迁之喜和婚嫁场合，通常是站着演奏，婚嫁时则边走边打，分为三人溜子、四人溜子、五人溜子、六人溜子。

打溜子的基本乐器由小锣（又叫钩锣）、头钹、二钹、大锣等四件打击乐组成。有些曲牌还加唢呐、板鼓伴奏。打溜子关键在于配合默契，还要根据曲牌旋律的提示，根据所需表现的主题，用独特的演奏技术，模仿出山的回声、水的流声、鸟的鸣叫、兽的驰骋等各种自然声响，使人如临其境。演奏时要求钹有闷击、亮击、侧击、柔击、挤钹、盖边等奏法，小锣有单锣、花锣等不同演奏法，大锣有打心、打边、长音、短音之别。演奏技法要求严格。一般总是小锣先行，起着领衔作用，钹甚活跃，来回穿插，大锣则落在强拍和句末，起着定段和收尾作用；鼓较自由，在合奏中总是承担着节奏的主要声部，并贯穿其始终。

打溜子的曲牌，现存的有近100个。如“双飘带”“四平音”“猛虎下山”“喜鹊闹梅”“和尚挑担”“公公赶场”“观音坐莲”“八仙过海”等，大致可分为绘声、绘神、绘意三大类。绘声类即指以自然界动物的叫声或行动声为乐思的曲牌，如“喜鹊闹梅”“鲤鱼漂滩”等；绘神类以反映日常生活为主，如“小纺车”“闹年关”等；绘意类曲牌则以抒发人们的美好、吉祥的感情为创作动机，如“四季发财”“观音坐莲”等曲牌，多在喜庆时用之，再配以“安庆”“迎风”等唢呐曲牌，吹打合一，空谷传音，喜气远溢，实为打击乐中所罕见。

打溜子

打锣敲鼓薅草忙

栽秧薅草鸣锣鼓，男男女女满山坡。
背上儿放荫凉地，男叫歌来女接歌。

这首《竹枝词》是清代土家族文人彭施铎对土家族山歌“打闹歌”的生动描述。往前追溯，在明朝嘉靖年间的《思南府志》中就有关于“唱歌耕种”的记载。

在乌江流域的广阔山区，每逢栽秧薅草等农忙时节，人们就会在锣鼓声的伴奏下，一边唱山歌一边干活。

比如在为苞谷薅草的时节，常常会有锣声、鼓声、歌声一起，从苞谷林中热热闹闹地传出来：

领：清早起来雾沉沉，大雾沉沉不见人。
东边一朵红云起，来了你我唱歌人，
花锣花鼓闹阳春。
合：锣鼓敲来锣鼓打，土头薅得亮沙沙。

那铿锵有力的锣鼓声和激越悠扬的山歌声融在一起，山鸣谷应。舒缓处如微风拂面，清脆处如高山流水，高亢处似春雷滚动，奔放处似大江汹涌。这山歌就是土家族“打闹歌”。

火辣辣的阳光下，绿色的苞谷林空隙中，红背心、蓝衣裙、白头帕、黄彩巾若隐若现。只见两个手持铜锣扁鼓的男子或女子，边敲边打，跟在几十名手握银锄的男男女女身后。若有人偷懒或掉队，屁股上就要被打锣鼓的人打一下。所以几十个人你追我赶，跟着锣鼓点子和山歌尾音大声合唱，银锄嚓嚓有声，动作潇洒，节奏鲜明，一大坡苞谷地眨眼工夫就薅完了。

土家族人居住的许多地方山高坡陡，土多田少，满山遍野都是苞谷。从前端阳一过，苞谷封林，杂草猛长，土家族人就开始打酒，烧腊肉，推豆腐，蒸粑粑，聘请唱“打闹歌”的歌手。除草干活，累得要命，背驼得像把夜壶，不敲锣鼓凑热闹，不唱山歌提精神，那多难过！

“打闹歌”有着悠久的历史。巴人的历史有多长，土家族歌舞的历史就有多长。巴人立国之前，中原的早期文献中便有巴师“前歌后舞”助武王伐纣的记载。后被周武王亲自编定为“大武舞”。之后，

土家族先祖巴人来到武陵山区，开荒种地，立房造屋。由于林密山高，人烟稀少，成群的野兽常常出来咬伤人畜，糟蹋庄稼。人们为了生存，就敲打竹筒，生野火，唱山歌，以驱赶野兽，保护人畜和庄稼，正如一首竹枝词唱的："溪州之地黄狼多，三十六冈尽岩窠。春种秋熟都窃食，只怕土人鸣大锣。"这种习俗后来渐渐用到劳动中，一人击鼓、一人打锣，众人唱歌，互相呼应，久而久之，就成了现在的"打闹歌"。这种歌的歌词有传统的固定式，也有随兴而作的即兴式。内容有唱农事、唱狩猎、唱生活、唱爱情等。鼓点雄浑高亢、厚重，且因地因人而异，如思南县南盆一带，就有《大号》《小号》《花号》《太阳号》《送郎号》等，长长短短，共有四十几套曲牌。其歌词由"歌头""请神""扬歌""送神"组成。

走进乌江两岸，就可以从那些层层叠叠的山坡上，看到土家族人唱"打闹歌"的情景。

在一坡苞谷地里，领唱的两个姑娘一个穿花格衬衫，一个头搭白毛巾。有个穿蓝背心的小伙子想占便宜，等花格衬衫姑娘的锣槌刚敲下去，他就抢先唱道：

唱得好来唱得乖，妹像一朵山花开。
十人见了九人爱，和尚见了不吃斋。

花格衬衫姑娘没防他这一手，慌了神。头搭白毛巾的姑娘急忙朝她耳语几句，两人锣鼓一敲：

唱得好来唱得乖，有条懒虫等花开。
香花开在高崖上，懒虫手短摘不来。

"蓝背心"一时答不上来，急得抓耳挠腮，逗得薅草的人们捧腹大笑。有个穿红背心的小伙子见这情势，走近“蓝背心”，也是几句耳语，“蓝背心”顿时来了精神，朝胸膛上“啪”的一掌，唱道：

两位小妹听我言，我是和尚在修行。
勤劳致富道行满，石头打滚要翻身。
修座高楼给妹坐，看哥不是懒惰人。

“对得好！唱得妙！”薅草的人们欢呼起来。“花格衬衫”和“白毛巾”羞红了脸，丢下锣鼓，扛起锄头，跑到女伴们中间去了。

“蓝背心”和“红背心”得意地笑着，捡起锣鼓又敲了起来。只见薅草队伍中间有人掉了队，两个小伙子提着锣鼓跑过去，急忙唱道：

土头摆起长龙阵，中间起了箩篼形。
中间几个没用劲，比起两头太丢人。

两边的见中间的赶上来了，有点心慌意乱，两个小伙子奔回来，他们助威：

薅得快的莫二样，薅得慢的莫心慌。
猛劲把这薅完了，桐子树下去歇凉。

人们舞着银锄，你追我赶，这一队刚从浓密的苞谷林中钻出来，那一队又闪电般地薅到另一块苞谷林中去了。

用土家族人的话来形容，“打闹歌”就像红线，把土家族山寨勤劳的有情人连在一起。对那些干活偷懒的人，它又像一口大钟，经常撞响在你耳边。土家族人的生活就在这山歌声中热热闹闹地过着。放工时还要唱道：

太阳露面坡背黄，打闹锣鼓震天响。
锣鼓催动人勤劳，薅草薅过几道梁。

另外，在乌江流域的沿河中界、晓景和印江沙子坡的“打闹歌”里的高腔薅秧歌也很有特色。如：

大田薅秧行对行，一路青来一路黄。
秧子黄来欠粪草，情妹脸黄欠（想）情郎。

舞蹈活化石毛古斯

毛古斯舞

巴人的大武舞，以及后来的巴渝舞都是如今土家族一切舞蹈的源流。也许，三千年前舞者的消逝仿佛也是舞蹈，他们使用过的道具虎纹剑已入泥土，铜器熔入火光。蔓延的火光中，舞者的身影有如神灵。他有着与铜器上的人物相同的装束。青铜剑和青铜器上的图案，仿佛暗示着舞魂的永恒。

沿河、江口土家族人的“毛古斯”舞，可以说是迄今为止最古老的一种土家族舞蹈，它既原始又最简单，更多的是对土家族的生存能力和繁殖能力的一种强调，一种夸张，一种崇拜。

我们完全相信，古代巴人战舞在最大限度上表现了某种对死亡的恐惧，他们需要一种强烈的宣泄方式。这或许就是毛古斯的密码。

“毛古斯”，土语为“拔步长”，是老公公的意思。它是土家族人纪念祖先开拓荒野、捕鱼狩猎等创世业迹的一种古老舞蹈。“毛古斯”的形式风格异常古朴、别致。每逢过年节跳摆手舞，都要跳这种古老的舞蹈。毛古斯舞具有人物对白、简单的故事情节和一定的表演程式，它以近似戏曲的写意、虚拟、假定等艺术手法表现土家族先民渔猎、农耕等生产、生活内容，既有舞蹈的特征，又有戏剧的表演性。“毛古斯”舞表演粗犷豪放、刚劲激昂，它让人们领略到远古时代的原始艺术之美，它是人们研究土家族历史的活化石。土家族虽无文字，但“毛古斯”舞代代相传不衰，其表演形态中保留了自然崇拜、图腾崇拜、祖先崇拜等远古信仰符号和写意性、虚拟性、模仿性等艺术元素。“毛古斯”舞是土家族摆手舞活动中的重要演出内容。

表演“毛古斯”的人数为10~20人，一人身着土家族服饰，他代表土家族先祖，由他主持祭祖和表演活动。其余为小“毛古斯”，代表后代，这样就组合成一个“家庭”。无论辈分高低，他们都身披稻草扎成的草衣，赤着双脚，面部用稻草扎成的帽子遮住，头上用稻草和棕树叶拧成冲天而竖的单数草辫，扎四个单辫的是牛的扮演者。“毛古斯”的扮演者们事先装扮好，在离摆手舞场不远的树林中等待，摆手舞跳到一定的时候，他们便突然入场。这时摆手舞立即停止，为之让场，说是“祖先爷”来了。跳演至《接亲》时，特别要用稻草扎根“男性生殖器”，夹在两腿中。观看跳演的人，没有谁认为这是“丑事”，却觉得这样装扮才真实。

大规模的“毛古斯”要持续六个晚上，大致以土家族的历史、捕鱼、狩猎、农耕等为内容。融歌、舞、对白为一体。

登上现代舞台的毛古斯舞

“毛古斯”舞的程序分为“扫堂”（意为扫除一切瘟疫、鬼怪，使后代平安）、“祭祖”、“祭五谷神”、“示雄”（表现家族的生存和繁衍）、“祈求万事如意”等几个大段落，每个段落中细节繁多，如祈求万事如意的表演中，有打露水、修山、打铁、犁田、广播种、收获、打粑粑、迎新娘等。表演大多与摆手舞穿插进行，有时在一定场合单独表演。

该舞蹈最突出的特色表演者身穿草衣树皮，古朴大方，极具原始风情。

“毛古斯”的唱腔以对白为主体，方式灵活多样，观众也可答话插白表演，对话时要求变腔变调，使观者辨认不出表演者的真实身份。

“毛古斯”舞动作别具一格，表演者屈膝，浑身抖动，全身茅草唰唰作响，头上五条大辫子左右不停摆动，表演中碎步进退，左右跳摆，摇头抖肩。“打露水”“扫进扫出”“围猎”“获猎庆胜”等内容，可根据表演动作清楚地分辨出来。

一片缠绵摆手舞

走进土家族山寨或土家族地区的城镇，你会欣赏到一种别具特色的舞蹈，那就是土家族摆手舞。摆手舞是土家族文化的标志，所以在沿河、印江等土家族地区，凡有大型纪念活动，都要表演摆手舞。表演者动辄就是成百上千男女相携，蹁跹进退，那低沉粗犷的歌声伴随着激越强烈、震人心魄的咚咚鼓点，将人们带入那逝去已久的荒古岁月。

人群中央几丈长的竹篙子熊熊燃烧，四周的篝火也已点燃，急雨般的木鼓声渐渐变成滚滚雷鸣。雷声戛然而止，“土老司”开始领唱摆手歌。一人领唱，万人应和，欢快的摆手舞开始了。火的海洋又掀起波澜。踢踏摆手，恣意酣歌，火光涌动，声浪如潮。这是生命理想的寄托，情绪得到了最大限度的释放，舞者真真切切地体验到一种生命的鲜活感。酒不醉人人自醉，那上下翻飞左右旋转的摆动，将浓浓的情谊摆动出来，将深深的爱意摆动出来。人们因此而陶醉，因此而沉迷。“舞低杨柳楼心月，歌尽桃花扇底风。”狂欢，一直要持续到深夜方才息歇。

“嗬也嗬”的雷鸣般的附和声，一直响彻土家族山寨上空。那种场面、那种气势，可用排山倒海来形容，可以让人想象当年“巴师勇锐，歌舞以凌殷人”的声势。

随着急风暴雨般的木鼓声，燃起了熊熊的篝火。火光冲天，雷声戛然而止，主持人开始领唱摆手歌：

领：正月的日子到了哇，
合：盘咚盘，嗬也嗬！
领：大家同跳摆手舞，
　　大家同唱摆手歌。
合：盘咚盘，嗬也嗬。
领：穿了新衣新花鞋，
　　帕子新的戴起来。
　　火龙火把汇成河。
　　摆手堂里的火龙哩，
　　吐出熊熊焰火。
合：盘咚盘，嗬也嗬。

摆手舞

领：天上穿了孔，
地上通了洞，
天上灰蒙蒙，
地上黑沉沉。
合：盘咚盘，嗬也嗬。
领：玉皇一见心烦恼，
唤张古老补地，
李古老补天，
天地补得平平展展，
彩云飘动，
那是五色石头焕光彩；
星星闪耀，
那是钉子发光亮；
月亮明朗，
那是李古老补天用过的火把，
地上露水滚动，
那是张古老补地滴下的汗珠。
合：盘咚盘，嗬也嗬。
嗬，嗬嗬，嗬嗬嗬……

摆手歌舞是为造天造地之人举行的仪式。“舍巴歌”不停，“舍巴日”不歇，从混沌世界人类起源唱起，唱到八兄弟捉雷公，洪水滔天，人类毁灭，兄妹成亲，再唱到人种延续，天地再造，日月重光，偷得火种，战胜毒蛇猛兽……

听着，看着，围观群众不自觉地进入了跳舞的人群，也跳起了摆手舞，一直跳到深夜风起月落……

摆手集舞蹈艺术与体育健身于一体，有“东方迪斯科”之称。主要流传在湘、鄂、渝、黔交界的土家族地区，分大摆手和小摆手两种。

土家族摆手舞源远流长，由白虎舞、巴渝舞演变发展而来。《华阳国志·巴志》载：“巴师勇锐，歌舞以凌殷人。前徒仰戈，故世称之曰武王伐纣，前歌后舞也。”专家考证，武王伐纣的歌舞即巴渝舞，而白虎舞乃是巴渝舞的前身。摆手舞“甩同边手”的特点是出于对“龙行虎步”的模拟，其基本动作是表现白虎的。巴人帮助刘邦平定三秦，刘邦称帝后，将巴人舞蹈引入宫廷，由乐师编排成四篇，定名“巴渝舞”。魏晋时，“巴渝舞”又由王粲、傅玄改编成为宗庙祭祀舞蹈，由世俗走向了神坛。当中原地区的舞蹈被宋元时代兴起的杂剧扬弃取代而逐渐失去其独立价值的时候，土家族舞蹈却在武陵山区这个偏远的地方延续下来，成为土家族文化的重要内容而流传至今。在土家族现在流行的摆手舞中，我们还能看到它在踢踏摆手往复回旋间依稀残留的古代祭祀歌舞的原始遗形，以及其后作为“丛林战舞”而具有的猛锐刚强的风格特征。

王粲

方志载：“正月间，男女齐集歌舞，祓除不祥，名曰摆手，又谓之调年。”可见摆手歌舞的原始功能。具有悠久文化传统的摆手歌舞是土家族文化永远的经典。摆手歌舞时的土家族人才是最本色的土家族人。

傅玄

在贵州土家族地区，每年的正月初三至十五，土家族人都要祭祀祖先，祭祀在唐代天宝年间为平定“安史之乱”立下赫赫战功而最后又被唐明皇用毒酒断送了性命的“八部大王”（八大土家族部落酋长），然后再以摆手歌舞为乐，驱邪迎祥。又说杜佑《通典》所载巴渝舞曲中的“矛渝”“弩渝”，与摆手舞中的“披甲”“列队”“拉弓射箭”等军事舞蹈如出一辙，故推断摆手舞与巴渝舞乃同源异支，当起源于周代。

古代摆手舞主要服务于祭祀、祈祷活动，祭祀对象除八部大神外，大部分祭土司王，如彭公爵主、田好汉、向老官人等历史上有名有姓的人物，带有显著的祭祀和祖先崇拜痕迹。跳摆手舞的时间，有的地方是二三月，有的地方是五六月。

摆手舞的服装和道具也蕴含着本民族的文化元素。各式各样的民族服饰和道具将摆手堂装饰得隆重而热烈。摆手场上插着许多幡旗，人们手举龙凤旗队（用红、蓝、白、黄四色绸料制成），身披“西兰卡普”，捧着贴有“福”字的酒罐，担五谷、担猎物、端粑粑、挑团馓、提豆腐，手持齐眉棍、神刀、朝筒，扛着鸟枪、梭镖等道具，吹起牛角、土号、唢呐，点响三眼铳，锣鼓喧天，歌声动地，男欢女乐，舞姿翩翩，气氛非常热烈。正如一首土家族《竹枝词》描写的那样：“福石城中锦作窝，土王宫畔水生波。红灯万盏人千迭，一片缠绵摆手歌。”

摆手舞反映土家族人的生产生活。如狩猎舞表现狩猎活动和模拟禽兽的活动姿态。包括“赶猴子”“拖野鸡尾巴”“犀牛望月”“磨鹰闪翅”“跳蛤蟆”等十多个动作。其身体动作也主要取材于生产劳动、日常生活和战斗。诸如耕田、播种、栽秧、挞谷、抖蛋、宴饮、吆猴子、望太阳、拉船、赶仗等，还模仿动物的形态动作，如雄鹰展翅、牛角擦痒、猛虎扑食、螃蟹伸腿之类。舞姿粗犷优美，风趣幽默，乡土气息极为浓郁。男女相携，或单摆、双摆，或上摆、下摆，或旋摆，如痴如狂，柔中带刚，情意绵绵，别有一番情趣。

“单摆”“双摆”“回旋摆”等动作长期发展变化着，在土家族聚居的各地不完全相同，但其基本特点却是一致的，即顺拐、屈膝、颤动、下沉。顺拐，即甩同边手，是摆手舞最主要的特征，它要求手脚配合默契，动作一致，以身体的律动带动手的甩动，手的摆动幅度一般不超过双肩，摆动线条流畅、自然、大方；屈膝要求膝盖向下稍稍弯曲一下，上身

一招一式

围锣起舞

摆正，脚掌用力，显得敦实、稳健；颤动是脚部与双臂略带小幅度抖动，给人一种有弹性和有韧劲的感觉；下沉是指在伴奏重拍时身体有一种向下的感觉，动作沉稳而坚实。这些扭、转、屈、蹲等动作组合需要全身各部位的肌肉紧张、松弛交替转换与协调用力和上下肢的密切配合。因此，摆手舞对身体的协调性要求较高。

摆手舞的音乐很有特色。摆手舞进行时，由巫师用土家语演唱摆手歌，舞蹈者和观众合唱。土家族诗人彭勇行的《竹枝词》："摆手堂前艳会多，姑娘联袂缓行歌。咚咚鼓杂喃喃语，煞尾一声嗬也嗬。"就是对这种一人领唱众人和唱场面的描绘。这种唱腔多为喊腔，旋律性不强，但颇有声势，能表现强烈的欢乐情绪。摆手舞的伴奏乐器比较简单，以锣和鼓为主，通过锣、鼓的节奏来控制舞蹈队形和动作的变化。不同的舞蹈内容有不同的节奏。表现战斗场面时，节奏高亢激越；表现追忆祖先时，节奏舒缓而庄重；表现生产劳动时，节奏快慢有致；表现生活时，节奏轻松活泼。锣鼓声伴随着众人发出有节奏的"嗬也嗬"的和唱声，营造出一种刚劲而稳健、热烈又庄重的氛围。

南庄莲花十八响

你若在春天走进沿河土家族自治县沙子镇南庄村，整洁的水泥路会带你通往村里的各家各户，空心李树开放着雪白的花朵，将整村围绕，凉亭和长廊在花朵中若隐若现，并散发出诱人的清香，别具特色的民居点缀在山峦之间。

这里是“莲花十八响”的发源地。被称为“莲花十八响”的“肉莲花”，是土家族传统体育舞蹈。它始于清朝光绪年间，由沿河土家族民间艺人杨通朝所创，盛行于乌江中下游一带。杨通朝年轻时是个“花灯迷”，因为家境贫寒，家里缺少劳动力，他出去唱灯往往会耽误农活，妻子对此十分厌烦，百般阻止。杨通朝不能出门唱灯，心急如焚，慢慢憋出了一身毛病。家里为他求神问卦，冲傩还愿，求医找药，都无济于事。这天妻子又愁眉苦脸地走在求医的路上，迎面走来一个棒小伙，问：“杨嫂，杨哥的毛病好没有？”杨嫂答：“没有哩，毛病越来越严重。晓得撞着啥鬼啰！”小伙子鬼鬼祟祟地笑着说：“我倒有一剂药，可以治杨哥的毛病，大嫂能否一试？”杨嫂急忙问：“鬼崽崽，是哪样药快说！只要能治好你杨哥的病。”“你只要让杨哥去唱灯，他的毛病马上就好。”杨嫂虽不情愿，不过事到如今，也只能这样了。

她回家将小伙子的话说给丈夫听，杨通朝马上就从床上跳起来要去唱灯。妻子担心他身体虚弱，劝他休息几天再去。杨通朝为了表明自己病好了，就围着妻子拍胸、拍腿、拍手臂，边拍边跳起来。打击声惊动了隔壁邻居，乡亲们都跑去看。只见杨通朝拍打着赤膊，双手在身上有节奏地拍打着，人们便问他：“喂！你搞啥？”“我在打肉莲花。”他随口答道。

莲花十八响

从此，“肉莲花”这种舞蹈形式便不胫而走，并逐渐传到更多的

村寨。表演也发展到不计人数多少，场地包括田间、地头、院坝，随处均可。

无论春夏秋冬，参加表演的男人都必须脱光上衣，亮出臂膀，张开五指，跟着节拍用力拍打身上的肌肉和关节。一边跳、一边移动拍打的部位，一来展现自己体格的健壮，二来借用这种拍打肉体的清脆声音来抒发心中欢乐奔放的情感。特别是在丰收的季节，他们常常用“肉莲花”这种舞蹈形式来表达喜悦的心情。

“肉莲花”节奏单调但铿锵有力，不管是队形还是跳跃，在荡气回肠的锣鼓声中都有一种说不出的震撼。然而这种震撼又是欢快无比的，很快就能感染周围的人加入其中，情不自禁地打起节拍来。“肉莲花”最先只是在田间劳动休息时表演，或者在节庆时日临时找个空地进行，后来在花灯的影响下，才逐渐登上了舞台，有了专业的配乐和队形设计，有的还规定了比较统一的服装。跳“肉莲花”并不复杂，就是随着节拍拍打自己的身体，只要拍打节奏一致就行，一般是四四拍或四二拍。基本动作有“上九响”“下九响”“上动下不动”“下动上不动”等，许多动作是即兴发挥。

“上九响”是拍头、双肩、双肘、双腕，拧指，击掌；“下九响”是拍左胸、右胸、腹、双腿、双膝、脚背。“上动下不动”是以腰为界，晃肩，扭臂，动头；“下动上不动”是扭臀部，晃小腹。

走上高台唱花灯

土家族高台戏，又称花灯戏，是贵州土家族地区具有特色的古老剧种。它是在民间花灯、山歌的基础上，逐渐吸取傩堂戏、湘剧、辰河戏以及其他戏剧的表演形式而形成的一种艺术形式。因搭高台演出，故又称高台戏。它形成于清道光年间，距今已有160多年的历史。至今还流传在思南的思唐、大河坝、张家寨、天桥、大坝场、鹦鹉溪、许家坝等乡镇以及邻近的德江、印江县的乡镇。

花灯戏表演时有生、旦、净、丑四行当。生角分老生、正生、皇生、小生等；旦行分老旦、正旦、摇旦、小旦；净分大花脸、二花脸；丑称“三花脸”。演出时灯夹戏，戏夹灯，形式十分活泼。传统剧目分本头戏和花戏两类。本头戏多根据历史故事、民间唱本改编，或由其他剧种移植而来，多为连台大戏，主要有《红灯记》《蟒蛇记》《穆桂英大战洪州》等；花戏题材多取材于民间传说、神话故事以及现实生活，多系小戏，主要剧目有《麦娘封官》《王大娘补缸》《南山耕田》《槐荫记》《杀狗劝夫》《秋胡戏妻》《兰桥汲水》《张哨子打鱼》《巧英晒鞋》等。这些剧目，有的情节较为曲折，有唱段、台词；有的只有剧目提纲，表演时全靠演员即兴发挥。

贵州土家族花灯戏的原始灯夹戏诞生于元代思南宣慰司，兴盛于明清思南府，当时开化领先的思南府也就是今天的印江、务川、沿河、思南、德江等贵州土家族聚居地区。清光绪年间，又由思南和印江灯戏艺人传入石阡。

清道光年间，思南土家族人在花灯的基础上，开始融入唱书、民间故事、小说等内容，塑造姿态多变、性格各异的艺术形象。随着时代的发展和群众审美趣味的提高，演出场地相应发生了变化，由原来的室内演出变为在院坝搭矮台演出；演员也不仅是原来的一旦一丑，而是增加了演员，表演也具有故事情节。这一时期的花灯戏当地群众称为矮台戏，或矮台花灯。当时最有名望的要算艺人梁常旺、苏洪道的戏班，他们是矮台戏的创始人。

高台戏是由思南罗芳林倡导而兴起的。罗芳林生于清道光十二年（1832年），卒于民国元年（1912年）。清同治七年至清光绪十八年间（1868 ~ 1892），曾任都匀协台（清代副将的别称），光绪十九年（1893年）还乡。此人嗜好玩乐，爱看灯，会唱戏，见乡里灯班唱已略带戏剧情节的“二人花灯”，很不满意，便对灯头说：“二人跳，干巴巴的，比外头落后了！要跳就跳‘双龙争珠’（二丑一旦），‘双凤朝阳’（二旦一丑）。”又说，“外头搭起台子唱，你们也搭嘛！”于是，他负责筹备资金，亲自设计，在他所住的寨子罗家坝（今鹦鹉溪镇双龙村）里修建起一座戏台。落成后，请来洪江辰河戏班唱了半月“开台戏”，轰动了全县，连城里人也去看。

花灯戏

此后，那里的灯班便仿照辰河戏班的演出模式，开始改在戏台上“以歌舞演故事”，从而开创了思南花灯戏曲化的先河。罗芳林将思南矮台戏搬上高台演唱，开创了灯夹戏的表演形式，高台戏由此而得名，各地灯班竞相效法。罗芳林还亲自编导节目，串演角色（擅长花脸），经他移植和编排的小戏（折子戏）有《芦花训子》《打猎会妻》《茶房开弓》《打婆变牛》《魏安嫖院》《观音扫店》《湘子度妻》《游龙戏凤》《胡玉明上寿》《二度梅》等。曾与他组台串演过高台戏的艺人有宗瑞廷、丁鹏飞、凤鸣木匠（打鼓佬）、蔡豆花、董明高、张子青等人。因矮台花灯习用的角色行当、花调音乐和舞蹈动作难以表现新的“讲纲”（剧目脚本），他们便师法成熟剧种（傩堂、辰河、川戏）的表演体制和手法，增加生、净、丑、旦各色行当；音乐结构除吸收流行曲牌，用来丰富伴奏音乐外，唱腔还以连缀为主，同时在几曲基调基础上发展变化出各种板式，开始向板腔体过渡；并借鉴外来成熟剧种一套“四功五法”表演程式，从而逐步改进了初具戏曲性状的高台戏。

在思南高台戏发展的同时，湖南辰河戏班不断到思南演出。辰河戏班招收了高台戏班艺人杨应本、杜应堂、史焕廷、彭汉如、袁绍清、袁培安、罗云安、旦辉元、王东生、陈湘、曾汉章、白云飞等跟班学戏。这批高台戏艺人经过培训，技艺大有长进。他们从辰河戏中吸取了不少营养，将其精华融进了高台戏之中，进一步丰富和提高了高台戏的表演水平。其中最突出的一点变化是，将主奏乐器改大筒筒为小筒筒，促使音乐结构进入板腔体系。如辰河高腔中的“清水令”“汉腔”“镇南枝”“阴调”“山坡羊”等唱腔曲牌，以及弹腔“南北路”等一些唱腔和过场音乐曲牌都经他们“拿来”注入高台戏音乐之中。同时还移植了不少剧目，如《战洪州》《穆桂英大破天门阵》《磨房会》《汾河湾》等四五十出，后来竟然成为高台戏的保留剧目。到了民国北伐时期，城区擅长辰河戏“围鼓堂”的业余艺人，也相继加入高台戏班，教打教唱，对思南高台戏的发展和传播起到很大作用。

印江土家族花灯戏的表演，一方面继承了母体花灯歌舞的一些套式和技巧，保持了花灯的表演特点和艺术风格；另一方面，又引进、综合了傩堂、辰河等戏曲剧种的表演艺术手段和方法，并按戏曲表演要求，将原有花灯舞蹈进一步加工提炼，使其具有更高层次的规范和造型美，从而形成了一套以写意、虚拟为特征的程式动作。诸如出场、亮相、整冠（妆）、自报家门、进（出）、开（关）房门、上（下）楼（轿、马、车、船）、台步、圆场、背供、耍扇、升堂、打朝、水袖、髯口、趟马、行舟、会阵、并打以及站、坐、跑、行、哭、笑、怒、骂等，各类行当按其不同性别、年龄、身份、性格，各自形成行当化的程式动作。花灯戏班受到各种条件制约，没有正规的科班培训，难于掌握“四功五法”的真正要领。多数艺人往往只是通过观摩学戏，模仿其皮毛。因此，花灯戏的表演仍然比较接近生活，程式动作并不严谨，表演就是生活化的模拟，即按某一行当要求，比照仿效实际生活中类同人物的言谈举止，配合唱白、伴奏做些简单、重复的比划动作而已。在土家族地区许多表演程式几与本地古老剧种傩堂戏相同。各地花灯艺人中，不少人会唱傩堂戏、辰河戏，有的甚至本来就是傩堂戏班或辰河戏班出身。

印江土家族花灯戏的行当以“三小”（一生、一旦、一丑）为基本形式。生行，分小生、老生、须生、娃娃生和皇生；旦行，分小旦（闺门旦）、青衣（正旦）、老旦、花旦和武旦；丑行，分男丑（小花脸）、女丑（摇旦子）。对台风的要求，正旦、小旦要“坐不开腿，站必侧身，行不出声，笑不露齿，目不斜视，手不过肩”，花灯要“活泼而不轻浮，风流而不放荡”；

花灯表演

老生、老旦要“站不挺胸，坐必曲背，行要稳缓，动不摆头”，皇生、小生不能随便“摇头晃脑，扭腰甩臀”等等。唱功，是嗓音、咬字、感情三者交融的结晶，土家族花灯戏历来使用乡语，唱词、道白基本上全用当地方言土音，而音乐曲调又多来自民谣俚曲，旋律音调几与唱词声调保持一致，因此通俗易懂，亲切感人。特别是在一些腔调中采用锣鼓套打、人声帮腔，更为贵州花灯戏表演体式一大特色。贵州花灯的脸谱，主要模仿戏曲演员的脸谱化，以各种色彩勾出种种图案。演员面部化妆用品，一般只有铅粉、油红、胭脂和墨（或松烟）等。小生、小旦整个面部施粉，在双颊和嘴唇上抹层胭脂，用墨画眉。老生、老旦只用干粉拍脸腮加油红，勒网巾吊眉梢于额头，眼角画几条皱纹。丑角也像其他戏曲剧种脸谱，除武丑外，一般均在眼鼻之间涂一小方块白粉（即“豆腐块”），用墨笔画两撇眉梢下垂的八字眉，两眼中部上下睑间各画一道竖杠，中年以上的则带“八字”“一截”“二挑”之类髯口（或在鼻前庭两翼勾上两撮翘胡子）。头部化装，唯有旦角复杂繁琐，条件较好而又讲究的，也兴“包头”，即要戴网巾、贴片子、勒水纱、梳圆头、上头面等。正旦装饰点缀头面，又比其他旦行华贵、繁杂，而脸上“抹彩”却较淡雅，不像小旦、花旦那样浓艳。

德江县现在民间流传的高台戏实际上就是思南高台戏的分支流派。民国以后，德江高台戏逐渐兴盛，有不少职业戏班常年外出，走遍全县各地以及务川、凤冈等地区。

参考书目

1. 范晔．后汉书 [M]．北京：中华书局，1965.

2. 常璩著，刘琳校．华阳国志校注 [M]．成都：巴蜀书社，1984.

3. 童恩正．古代的巴蜀 [M]．重庆：重庆出版社，2004.

4.（嘉靖）思南府志．

5. 贵州地方志编委会．贵州省志民族志 [M]．贵阳：贵州民族出版社，2002.

6. 明实录．贵州资料辑录 [M]．贵阳：贵州人民出版社，1983.

7. 王影．巴人之谜 [M]．北京：华夏出版社，2006.

8. 田永红．走进土家山寨 [M]．贵阳：贵州人民出版社，2001.

后记

贵州山川秀美，气候宜人，资源丰富，人民勤劳，风情多彩，文化灿烂。18个世居民族，和谐相处，共建家园。《贵州世居民族文化书系》正是建立在人类学、民族学、文化学的研究成果基础上，以叙事方式为主，向世人勾勒贵州世居民族文化版图，展示贵州世居民族悠久的历史文化与和而不同的美丽生存，以全新的视角探寻各民族的文化发展轨迹，解读各民族具有鲜明特色的文化事象，诠释各民族充满神奇魅力的新形象。

《贵州世居民族文化书系》编委会对书系的宗旨、目标、体例和风格等进行项目论证和定位，负责确定写作大纲，并对书系的组织架构、写作要求和作者物色等进行统筹安排。

《黔山巴虎·土家族》由贵州省民族研究院进行审读，就政治倾向性和民族、宗教问题进行认真把关。本书图片得到了贵州省摄影家协会、作者以及任志平、田茂昌、杨昌朴、杨国勇、董振华、李云贵、陈锡华的大力支持（经多方搜寻，仍有部分图片未能寻到作者，作者见书后请与出版社联系）。

在此，对所有为书系做出贡献的人士表示衷心的感谢！因编辑水平所限，书中难免有不尽人意之处，恳请读者批评指正，以便图书再版时予以弥补。

《贵州世居民族文化书系》编委会

2014年6月